日用品、家居、家电 直播带货

超级口才训练

程淑丽·编著

电子工业出版社.
Publishing House of Electronics Industry
北京·BEIJING

内 容 简 介

这是一本专为直播销售员打造的实用指南，涵盖了直播带货的全过程和各个环节。全书以直播情景为主干，结合日用品、家居和家电的特点和市场需求，穿插设计了各种别具一格的独立单元，旨在帮助使用本书的直播销售员提升直播技巧，增强表达能力，最终练成超级口才。

本书设计打造了47个直播情景，提炼出直播销售时的99个常见问题、78条经典语句、64个句式模板，总结了五大留人方法、五大介绍方法，以及57个回答误区，另外，还贴心设计了12个开场话术与15种结尾示例。本书希望通过环环相扣的直播销售训练来提升、强化主播在销售日用品、家居和家电时的口才能力，最终练成超级口才。

本书适合日用品、家居和家电类直播带货的直播销售员及其团队成员阅读，也可以作为日用品、家居和家电类企业销售人员和销售管理者的参考读物。

图书在版编目（CIP）数据

日用品、家居、家电直播带货超级口才训练 / 程淑丽编著. -- 北京：电子工业出版社，2024. 8. --（莫萨营销口才系列）. -- ISBN 978-7-121-48448-3

Ⅰ. F713.365.2；H019

中国国家版本馆CIP数据核字第2024A1P415号

责任编辑：张　毅
印　　刷：三河市鑫金马印装有限公司
装　　订：三河市鑫金马印装有限公司
出版发行：电子工业出版社
　　　　　北京市海淀区万寿路173信箱　　邮编：100036
开　　本：787×980　1/16　印张：16.25　　字数：282千字
版　　次：2024年8月第1版
印　　次：2024年8月第1次印刷
定　　价：69.00元

凡所购买电子工业出版社图书有缺损问题，请向购买书店调换。若书店售缺，请与本社发行部联系，联系及邮购电话：（010）88254888，88258888。

质量投诉请发邮件至zlts@phei.com.cn，盗版侵权举报请发邮件至dbqq@phei.com.cn。

本书咨询联系方式：（010）68161512，meidipub@phei.com.cn。

前　言

在当今的互联网时代，直播带货已经成为一种流行的电商模式，吸引了无数的消费者和创业者。《日用品、家居、家电直播带货超级口才训练》正是为了满足这一新兴行业的需求，专为直播带货行业的从业人员及有志投身此领域的朋友们量身定制的一本实用指南。

这是一本系统的、全面的实用指南，覆盖了直播开场、直播留人、产品介绍、直播互动、直播问答、解决异议、售后服务、催促下单、直播结尾等直播全过程。让读到此书的朋友在开始具体的口才训练之前，已经对直播流程有了大致的了解。

本书结合实际、立足实践，以"一看就懂、一学就会"的原则编写，用词贴近生活，行文简洁高效，结构清晰明了，逻辑通顺流畅。全书以直播情景为主干，以各种直播解决方法、技巧、案例为"枝干"，开创性地总结了直播带货中的99个常见问题、78条经典语句、64个句式模板、五大留人方法、五大介绍方法、57个回答误区、12个开场话术，以及15种结尾示例。本书旨在为读到此书的朋友提供实用、专业、有针对性的训练工具，使其个人口才得到规范化、系统化的提升。

本书在直播情景这一"主干"上花费了颇多心思。每章的直播情景都采用了不同的写作形式。这种独特的设计使得本书的兼容性更广，适应能力更强，力求让读到此书的朋友在不同章节中学到不同的直播带货技巧，以适应直播带货这一领域日新月异、持续创新的工作场景。

本书用各类方法、技巧、设计、案例、话题等模块构成了"枝干"。它们全都是从直播情景这一"主干"上开枝散叶的，这些"枝干"弥补了直播情景在形式上的不足，丰富了本书的维度，拓展了本书的实用性，提高了本书的使用价值。

　　无论是初入直播带货行业，还是已经在其中摸爬滚打多年的朋友，我们殷切地希望您阅读此书后，多阅读、多思考、多演练，最终走上实战之路，走上"超级口才"训练之路。预祝您取得成功！

　　本书在创作中难免有疏漏与不足之处，恳请您批评指正。

目　录

第 **1** 章

直播开场该怎么开

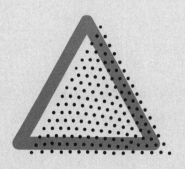

1.1 用问题、痛点开场

1.1.1 情景1：用常见问题开场

📺【痛点痒点这样抓】

1. 担心懒人沙发不结实：这种沙发会不会很容易坏啊？用久了会不会塌陷？会不会坐着坐着就变形了？

2. 担心懒人沙发坐起来不舒服：不会软得没有一点支撑力吧？透气吗？不会有异味吧？

3. 担心懒人沙发不好清洗：懒人沙发容不容易脏啊？会不会很难清洗？这种颜色会不会很容易褪色啊？

某家居品牌直播间正在销售它的爆款产品懒人沙发。这是一款很适合休息、放松的热门家居产品，无论消费者是在客厅、卧室、阳台使用，还是在公寓、宿舍使用，都可以随时随地享受懒人沙发带来的舒适感。

消费者在挑选懒人沙发时，最常问的问题无外乎舒适性、质量和清洗打理这些方面，主播小泉提前做好了准备，准备从这些方面入手抓住他们的注意力。

💻【应答问题这样想】

1. 观众担心懒人沙发不结实怎么办？

对于担心懒人沙发不结实的观众，主播可以围绕懒人沙发的内部填充物和外部面料进行介绍，展示懒人沙发的超强耐用性，让观众看到懒人沙发的质量优势。

2. 观众担心懒人沙发坐起来不舒服怎么办？

对于担心懒人沙发坐起来不舒服的观众，主播可以围绕懒人沙发的内外材质和透气性进行介绍，展示懒人沙发的超高舒适度，让观众间接感受懒人沙发的柔软性。

3. 观众担心懒人沙发不好清洗怎么办？

对于担心懒人沙发不好清洗的观众，主播可以围绕懒人沙发的拆洗要求和防污能力进行介绍，展示懒人沙发清洗的简易性和便捷性，让观众放心地购买懒人沙发。

💬【互动催单这样讲】

1. 观众担心懒人沙发不结实怎么做？

主播："大家好，欢迎来到直播间，我是你们的主播小泉。今天我给大家带来了一款非常实用又舒适的家居产品，那就是我们的懒人沙发！"

主播："你们是不是经常在家里想要放松一下，但是又不想躺在床上，也不想坐在硬板凳上，一直想要找一个既能让你感到舒服又能让你随心所欲躺着的东西呢？"

主播："那你们一定不能不知道这款沙发，它就是我们的×××懒人沙发。它可以让你们在家里随时随地享受到'葛大爷躺'的乐趣！"

弹幕1："这种沙发会不会很容易坏啊？用久了会不会塌陷？会不会坐着坐着就变形了？"

主播："这款懒人沙发使用了×××粒子作为内部填充物。我把镜头拉近给大家看看。这种粒子非常轻盈柔软，重量大概只有普通沙发填充物的一半，但却有丰富的弹性！"

主播："这是一种具备回弹记忆功能的材料，所以你们完全不用担心它会出现塌陷和变形的问题！"

主播："而且，这种内部填充物的更大优点是它的耐用性。它的韧性和耐磨性都非常高，可以承受较大压力，可以满足咱们日常使用需求，保证了咱们懒人沙发的长期使用。"

弹幕2："这种沙发的外面是什么布料啊？会不会很容易破？"

主播："这款懒人沙发的外部材料选用的是优质亚麻布料。我把镜头拉近给大家看看。这种布料非常坚韧柔软，虽然摸起来有一点粗糙，但是使用起来很舒服，而且它有十分不错的耐磨性和抗撕裂性。"

主播："说得夸张点，正常坐个十年八年它都不易出现破损！"

主播："而且这种布料的更大优点是它的环保性，它是由天然的亚麻纤维制成的，对人体和环境都没有伤害，这让咱们在消费的同时也保护了地球！"

2. 观众担心懒人沙发坐起来不舒服怎么做？

弹幕："不会软得没有一点支撑力吧？透气吗？不会有异味吧？"

主播："这款懒人沙发不仅结实耐用，而且坐起来非常舒服，它可以让你在任何姿势下感受到舒适。无论你是坐着、躺着、趴着，还是斜靠着，它都可以适应你的姿势，给你支撑力，让你的身体得到放松！"

主播："这款懒人沙发使用了独特的内部填充设计，真材实料不惧曝光！我把镜头直接转到沙发底部让大家看得更清楚一些。"

主播："这种设计可以保证沙发的填充材料随着你的姿势变化进行适应性调整，使其完全贴合你的身体曲线，给你最舒适的支撑感和包裹感！你完全不用担心支撑力的问题。"

主播："而且，这种设计的又一大亮点就是它的透气性。独特的内部填充物拥有无数个微小孔洞，这些孔可以让空气自由地流通，同时也可以把汗水和异味迅速地排出，解决不透气问题的同时解决异味问题，让你家的懒人沙发始终保持干爽清新！"

3. 观众担心懒人沙发不好清洗怎么做？

弹幕1："懒人沙发容不容易脏啊？会不会很难清洗？"

主播："我给大家推荐的这款懒人沙发不仅舒服耐用，而且非常好清洗！"

主播："你们是不是经常担心沙发不好清洗打理，担心沙发一旦弄脏就很难洗干净，比如说平时吃东西喝饮料时撒在上面留下的污渍？"

主播："我妈妈就是这样的，在我们家她不允许我吃饭的时候坐在沙发上看电视，一定要吃完了才行，每次她的理由就是弄脏很难洗，洗一次很麻烦。一直到现在我都不能拥有一边坐在沙发上看电视，一边吃饭的快乐！"

主播："这款懒人沙发使用了特别设计的可拆洗式外套。这种设计可以让你轻而易举地把沙发外套拆下来！"

主播："这种可拆洗式外套的最大优点就是耐脏。沙发外套的表面经过了特殊的处理，使得水渍、油渍、灰尘等污垢更不容易侵入并留存在沙发的表面，让你的懒人沙发始终保持干净整洁！"

弹幕2："这种颜色会不会很容易褪色啊？会不会和其他家具不搭配？"

主播："我们家沙发的面料都经过了严格的水洗测试和色牢度测试，按照日常的清洗和打理频率，是不会轻易因为洗涤或者日晒而褪色的。"

主播："而且这款沙发有多种颜色可选，不管你家里的装修风格和家具风格是什么，你都能找到搭配和谐的颜色，让沙发和你的家居环境完美地融合！"

…………

⚠ 【关键过错不要犯】

1. 主播如果想要通过常见问题开场并实现与观众互动，就需要了解观众的真实需求和他们在日常生活中使用相关产品时所遇到的各类问题，不能以自我为主、想当然地挑选讨论的问题。

2. 主播在介绍懒人沙发时，不要忽视或者否定观众提出的疑问，而要积极地回答和解释，让观众感觉自己被重视和尊重。

3. 主播在介绍懒人沙发时，不要夸大或者虚构懒人沙发的效果和评价，而应该清晰合理地宣传懒人沙发的优势和特点，让观众看到它的价值，理解它的独特优势。

1.1.2　情景2：用常见痛点开场

📺 【痛点痒点这样抓】

1. 提出痛点问题：剃须刀够不够锋利，刮得干净吗？剃须刀安不安全，不会把脸刮破吧？剃须刀好不好用，刮一次要多长时间啊？

2. 询问剃须刀的续航能力：充一次电要多长时间？这款剃须刀充电一次能用多久？

3. 关注剃须刀的品质保障：这款剃须刀是什么牌子的？有没有质保？有没有售后服务？

某男士清洁用品品牌直播间正在热卖几款新款电动剃须刀，直播间有不少观众对于剃须刀的性能和品质非常关注，但是更多的观众在意的是剃须刀的锋利度和安全性等关键问题。主播小兰正在向观众介绍自家刚推出的新款电动剃须刀，对于大家重点关心的问题，她结合剃须刀的功能、优势、使用方法等内容进行了解答和介绍。

💻 【应答问题这样想】

1. 观众提出痛点问题怎么办？

主播在回答观众提出的常见痛点问题时，可以拓展更多剃须刀的使用难题并借机讲解产品的优势所在，引发观众的共鸣，让观众产生信任感。

2. 观众询问剃须刀的续航能力怎么办？

询问剃须刀续航能力的观众，一般是在考量自身需求，辨别剃须刀是否可以满足、适合自己的使用需求。主播可以从观众关注的方面进行介绍和说服。

3. 观众关注剃须刀的品质保障怎么办？

关注剃须刀品质保障的观众，可能更加在意剃须刀的品牌、品质和售后服务，主播可以着重介绍一下剃须刀的生产厂家和质量认证等内容。

💬【互动催单这样讲】

1. 观众提出痛点问题怎么做？

主播："家人们，今天早上我赶着上班，但是洗完脸发现胡子该刮了，慌慌张张地不小心还把下巴给刮破了！平时每次刮胡子的时候就害怕刮破脸，真是怕什么来什么啊！"

主播："刚刚刮破脸，今天拿到手的第一件商品就是×××家的新款电动剃须刀，它要是早来两天多好！我就把家里那个扔了，换这个新款电动剃须刀了，既方便又安全！"

弹幕1："剃须刀够不够锋利，刮得干净吗？"

主播："害怕剃须刀不够锋利，每次剃须都像拔胡子、剃完摸起来很扎手、刮时感觉很难受的家人们，一定要仔细看看我给大家推荐的这款电动剃须刀！"

主播："这款剃须刀的刀头采用了×××刀片，经过×××工艺打造，保证了每片刀片都是超级锋利的，可以轻松刮掉不同长度和硬度的胡须，让你的脸部更加光滑、清爽！"

弹幕2："剃须刀安不安全，不会把脸刮破吧？"

主播："我知道很多人担心剃须刀不够安全，害怕刮着刮着发现脸上出血了。咱们家的电动剃须刀都是经过严格的安全测试和认证的，具有多重保护机制，可以有效避免出现刮伤、刮破和刀头金属刺激皮肤的情况。而且咱们家的电动剃须刀刀头还具备×××自适应功能，可以根据你的脸部曲线和胡须密度自动调节刀头的角度和压力，刮得干净清爽的同时让你感到更安全、更舒适。"

弹幕3："剃须刀好不好用，刮一次要多长时间啊？"

主播："当然好用，电动剃须刀省了很多麻烦事，一键开关直接剃须，刮完胡子用清水一洗就干净了，刮一次胡子就用两三分钟，省事又省心。"

2. 观众询问剃须刀的续航能力怎么做？

主播："刮胡子是男人的必修课，刮得好不仅能提升形象，更能保持面部的清爽和健康。"

主播："今天给大家带来的是非常有名的×××新款电动剃须刀！这款剃须刀采用了科学的刀头弧度设计，还具备智能感应技术，让你刮得干净、刮得安

全、刮得方便！"

弹幕："充一次电要多长时间？这款剃须刀充电一次能用多久？"

主播："充电大概需要一个小时。"

主播："咱们家这款电动剃须刀有超强的续航能力，充一次电可以使用30天，完全不用担心着急刮胡子却发现它没电了的情况！"

主播："而且咱们家电动剃须刀配备了智能感应技术，在使用的时候可以根据你的胡须长度和硬度自动调节刀头的转速和力度，让你刮得更干净、更舒服。"

3. 观众关注剃须刀的品质保障怎么做？

弹幕1："这款剃须刀是什么牌子的？有没有质保？"

主播："谢谢×××的关注和提问！这款电动剃须刀是×××品牌的，×××品牌是国内知名的电动剃须刀品牌商和生产商，有着多年的生产经验和技术积累，产品质量和服务都是一流的！"

主播："这款电动剃须刀有一年的质保期，如果在一年之内出现任何的质量问题，都可以免费维修或更换，让你买得放心、用得舒心！"

弹幕2："有没有售后服务？"

主播："当然有啦！咱们家的售后服务是非常完善和专业的，如果你在使用过程中遇到任何问题，都可以随时联系我们的客服人员，我们会及时为你解答和处理。"

主播："你可以直接在平台上联系我们的客服，我们会有专人为你服务哦！"

…………

⚠️【关键过错不要犯】

1. 产品痛点要找对找准。主播要针对不同的观众群体和使用场景，选择合适的介绍方式和切入角度，不能一概而论，否则可能引起观众的反感。

2. 主播介绍产品痛点问题前要了解观众的真实需求和使用烦恼，不要夸大或虚构产品的功能和效果，避免引起观众的质疑。

3. 关于剃须刀的使用方法和功能介绍，主播要结合实物一边演示一边说明，不能没有实际操作和展示，不能让观众觉得主播只说空话、套话。

▷▷ 1.2　用促销活动开场

1.2.1　情景3：用节日促销开场

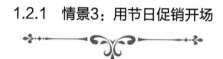

📺【痛点痒点这样抓】

1. 担心错过端午节的优惠：端午节的折扣什么时候结束？能抢到吗？还有多少库存？是不是真优惠啊？

2. 询问产品的功能、品牌：这款电饭煲有什么特色功能？是什么品牌的？质保期多久？

3. 关心产品的价格、性价比：这款电饭煲之前多少钱？现在打几折？比其他平台便宜吗？

某家电品牌直播间正在销售一款智能电饭煲，主播小李正在向直播间的观众介绍这款电饭煲的各项实用功能和特点。为了在端午节期间吸引更多的消费者，直播间特别推出了"×××端午节折扣促销活动"来聚人气、冲销量。

🖥️【应答问题这样想】

1. 观众担心错过端午节的优惠怎么办？

担心错过端午节优惠的观众，一般有较强的参与意愿，但是对于活动的截止时间、促销活动的真实性、能不能抢到等存在疑问，主播在解答他们问题的同时也要给予他们紧迫感，促使他们尽快下单。

2. 观众询问产品的功能、品牌怎么办？

对于询问电饭煲功能、品牌的观众，主播可以围绕电饭煲的智能化、多功能性和品牌的品质向他们进行介绍，结合自己或客户的使用体验和评价进行推荐。

3. 观众关心产品的价格、性价比怎么办？

对于询问电饭煲价格、性价比的观众，主播可以围绕电饭煲的原价、折扣价和其他平台的价格向他们进行介绍，通过展示电饭煲的物美价廉来刺激观众的购买欲。

【互动催单这样讲】

1. 观众担心错过端午节的优惠怎么做？

主播："家人们，咱们的'×××端午节折扣促销活动'已经开始了啊！还没领取优惠券和购物红包的朋友们要抓紧了啊！错过今天，再等一年！大家一起拼团下单，可以享受大型团购优惠价！"

弹幕1："端午节的折扣什么时候结束？"

主播："端午节送福利，咱们现在是一个限时限量的活动啊！像我手边这款智能电饭煲只有今天才能享受××折的优惠啊！明天就恢复原价了！"

弹幕2："能抢到吗？还有多少库存？"

主播："只要你不犹豫就有机会抢到，这款智能电饭煲每个型号、每个颜色都有库存，今天咱们全都拿出来给大家送福利！"

主播："刚刚我看后台的数据，已经卖出去一半了！我手里拿着的这款白色5L容量的智能电饭煲就只剩下最后一台了！如果你们喜欢就要赶紧下单啊！不然就没了！咱们家支持先用后付，大家可以一键下单！"

弹幕3："是不是真优惠啊？"

主播："绝对的真优惠，绝对的超低价，绝对的大折扣。大家在平台上都可以看到最近一个月的商品价格变化，如果不是真优惠，欢迎大家监督举报！"

2. 观众询问产品的功能、品牌怎么做？

弹幕1："这款电饭煲有什么特色功能？"

主播："这款电饭煲有很多特色功能！你们看它的面板上有多达12种烹饪模式，可以做出各种味美的饭菜，比如煲仔饭、粥、汤等。而且它还有智能预约、保温等功能，可以根据你们的选择自动调节火候，让你们吃到可口的饭菜。"

弹幕2："是什么品牌的？质保期多久？"

主播："这款电饭煲的品牌是咱们的自主品牌，叫作×××电饭煲。每个电饭煲都经过了严格的质量检测和认证，品质绝对有保障！而且咱们家还提供一年的质保期，如果有任何问题，都可以免费维修或换货。"

3. 观众关心产品的价格、性价比怎么做？

弹幕1："这款电饭煲之前多少钱？"

主播："家人们，这款电饭煲的原价是×××元啊！现在折扣优惠后只要×××元！品质一流，物超所值！"

弹幕2："现在打几折？比其他平台便宜吗？"

主播："现在只要×××元就可以拿走啊！这是咱们家的端午节特惠价，相当于打了××折啊！你们在其他平台找不到这么低的价格！而且咱们家还包邮，还送碗和勺子等赠品，还有抽奖活动。机会难得，错过就没有了！"

…………

⚠️ 【关键过错不要犯】

1. 直播间设置的端午节折扣活动要合理合法，不能涉嫌欺诈或违反平台规则，不能使用不正当的手段诱导或强迫观众下单，更不能损害消费者的权益。

2. 主播要保证端午节折扣优惠真实有效，不能虚构原价、库存、销量等重要数据，否则可能面临被平台处罚或引发舆论事故。

3. 主播在回答观众的提问时，不能照本宣科、套路式地解答介绍，要懂得添加一些展示电饭煲的产品优点和特色的内容。主播可以用夸张等修辞手法来增加语言的生动性和感染力，可以用一些故事、案例、体验感等来增加介绍的情感和互动性。

1.2.2 情景4：用新品试用开场

📺【痛点痒点这样抓】

1. 担心自己不会操作：自己泡的咖啡是不是没有咖啡店的好喝？会不会浪费咖啡粉？怎么才能泡出香浓的咖啡？

2. 担心自己泡咖啡不方便：自己泡咖啡是不是很麻烦？会不会占用很多时间？放在厨房里会不会碍事？

3. 询问挑选咖啡机相关知识：都有哪些种类的咖啡机？不同种类的有什么特点？怎么才能选择适合自己的咖啡机？

某小家电品牌直播间正在销售新品咖啡机，主播小孙正在为直播间的观众介绍一款咖啡机的详细功能和使用方法。直播间特别推出了新品试用活动，吸引了很多咖啡爱好者。

💻【应答问题这样想】

1. 观众担心自己不会操作怎么办？

对于担心自己不会操作的观众，主播可以从咖啡机的设计和性能两个方面向他们进行回应，强调操作的便捷性，打消他们的顾虑，帮助他们建立信心。

2. 观众担心自己泡咖啡不方便怎么办？

对于担心自己泡咖啡不方便的观众，主播可以从咖啡机的操作和清洗两个方面向他们进行回应，强调简单快捷的步骤和自动化的功能。主播可以告诉观众，咖啡机只需要几个按钮就可以完成整个咖啡制作的过程，不需要任何专业的技巧或工具。咖啡机还可以自动清洗和除垢，不需要额外的精力去维护或清理。

3. 观众询问挑选咖啡机相关知识怎么办？

对于询问挑选咖啡机相关知识的观众，主播可以从咖啡机的类型、功能、价格等方面进行回应，要强调每个人的需求和预算是选择咖啡机的重要依据。

【互动催单这样讲】

1. 观众担心自己不会操作怎么做？

主播："喜欢喝咖啡的家人们有福了，今天我们的咖啡机上新了！新品福利肯定要先给家人们送上啊！"

主播："我们准备了×××个新品试用名额，抽中我们试用名额的家人们可以获得我们新款咖啡机一周的免费使用权！同时我们还给你们准备了一批好品质的咖啡豆，想要参加新品试用品尝神秘好豆的家人们要积极发弹幕哦！"

弹幕1："自己泡的咖啡是不是没有咖啡店的好喝？"

主播："家人们，你们有没有想过，为什么咖啡店的咖啡那么好喝呢？明明他们看起来也没有进行什么复杂的操作！其实，最重要的一点就是他们用的是专业的咖啡机！"

主播："那你们肯定又要说了，我们不会操作专业的咖啡机啊！这一点我早就为大家考虑到了。今天我给大家推荐的这款咖啡机就是极易上手的家用咖啡机，它已经将各个步骤集成到一起，有手就会！"

弹幕2："会不会浪费咖啡粉？怎么才能泡出香浓的咖啡？"

主播："泡出香浓的咖啡其实很容易，选择一款品质优良的咖啡豆，搭配这款咖啡机，就够了！"

主播："不会浪费咖啡粉的，不需要你做什么复杂的操作，你只需要添加原料，选择一些选项，就可以了。"

2. 观众担心自己泡咖啡不方便怎么做？

弹幕1："自己泡咖啡是不是很麻烦？"

主播："家人们，你们是不是都觉得，自己泡咖啡是一件很麻烦的事情？其实，只要你有了我们家的咖啡机，你就会发现，自己泡咖啡是一件很方便的事情！"

主播："你们看我给大家推荐的这款咖啡机，操作非常简单，按几个按钮就可以完成整个咖啡制作的过程，不需要任何专业的技巧或工具，就像玩游戏一样，简单、快捷又有趣！"

弹幕2："会不会占用很多时间？放在厨房里会不会碍事？"

主播："你不用盯着它，模式选择好之后你就可以去做其他事情了，然后等一会儿直接去端咖啡就好了，不会占用多少时间。"

主播："我们家这款咖啡机，它的体积很小，可以放在任何一个角落，厨房也好，客厅也好。它不会占用太多空间。而且它的运行速度非常快，只要几分钟就可以制作出一杯香浓的咖啡。"

3. 观众询问挑选咖啡机相关知识怎么做？

弹幕1："你们家都有哪些种类的咖啡机？不同种类的有什么特点？"

主播："咖啡机的种类很多，每个种类都有自己的特点和优势！我们家现在主要销售的咖啡机有手动式的、全自动的、半自动的，每种都可以给你不同的咖啡体验！"

主播："像手动咖啡机，它做出来的其实就是咱们常说的手作咖啡，但是它需要人工操作，从磨豆到压粉再到萃取都需要一定的技巧和经验，比较复杂，更适合专业的咖啡师。"

主播："全自动咖啡机就比较适合我们这些咖啡业余爱好者了。它更加方便快捷，我们只需将适量的咖啡粉加入机器，加入水，然后按下萃取键，咖啡机就会自动完成剩下的工作。"

主播："胶囊咖啡机是一种半自动咖啡机，它是对预先填充好的咖啡胶囊进行萃取。我们只需将胶囊放入机器，按下萃取键即可。它的特点是方便、快捷，而且胶囊咖啡有多种口味可选，适合喜欢尝试不同口味的人。"

弹幕2："怎么才能选择适合自己的咖啡机？"

主播："不同种类的咖啡机各有其特点和使用场景。手动咖啡机适合喜欢精细制作和探索不同口味的人，全自动咖啡机适合忙碌的人，胶囊咖啡机适合喜欢尝试不同口味的人。"

主播："在选择适合自己的咖啡机时，可以根据自己的喜好、时间和预算等因素进行综合考虑。"

主播："一般来说主要有三个要点：第一，根据自己的咖啡喜好和消费频率来选择合适的咖啡机类型和功能；第二，根据自己的家庭或办公室的空间和人数来选择合适的咖啡机容量和尺寸；第三，根据自己的经济能力和期望的性价比来选择合适的价格的咖啡机。"

···········

⚠ 【关键过错不要犯】

1. 不要对咖啡机的技术和性能进行错误或不恰当的介绍，不能利用观众的好奇心或信任来误导他们购买不适合自己的产品。

2. 不要把咖啡机的功能和效果说得过于夸张，不要把咖啡机的参数和数据说得过于复杂。

3. 不要对咖啡机的类型和选择进行刻板或武断的评价，不要把某类咖啡机强加给某些特定的人群，不要把咖啡机的类型和选择与某些负面的标签或情绪相关联。

1.2.3　情景5：用捆绑促销开场

📺 【痛点痒点这样抓】

1. 质疑捆绑促销的优惠力度：抽油烟机和燃气灶一起买，真的能省很多钱？不会两件都是原价吧？是不是质量不好啊？

2. 询问产品品质：抽油烟机的吸力怎么样？燃气灶的火力大不大？有没有安全隐患？

3. 关心产品的安装服务：抽油烟机和燃气灶怎么安装？需不需要自己找师傅装？安装费用是多少？

某厨电品牌直播间内，主播小王正在向观众展示一款智能抽油烟机和一款节能燃气灶。这两款产品的设计时尚，性能好。为了提高直播间的销量和转化率，直播间推出了"抽油烟机和燃气灶一起买，享受超低价"的限时促销活动。

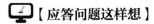
【应答问题这样想】

1. 观众质疑捆绑促销的优惠力度怎么办？

观众质疑"抽油烟机和燃气灶一起买，享受超低价"活动，一方面是对捆绑促销的优惠力度不清楚，另一方面是对产品的性价比有疑问。但这也是一个好机会，主播应该抓住机会介绍宣传捆绑促销活动的优惠细节和产品的性价比。

2. 观众询问产品品质怎么办？

询问抽油烟机和燃气灶品质的观众，一般比较关心产品的功能和安全性，主播要抓住高效、安全和智能等卖点进行介绍。

3. 观众关心产品的安装服务时怎么办？

询问抽油烟机和燃气灶安装服务的观众，一般比较关心产品的售后便利性和安装费用，而且可能有较强的购买愿望，主播要明确告知他们有关的售后、安装事项的服务。

【互动催单这样讲】

1. 观众质疑捆绑促销的优惠力度怎么做？

主播："我给大家介绍的这款抽油烟机和燃气灶是我们家的爆款喔！刚刚上市就受到了广大消费者的喜爱！"

主播："而且更重要的是，家人们，今天直播间的爆款产品做活动喔！你只要一起买抽油烟机和燃气灶，就可以享受超低的成套价！活动仅限今天！"

弹幕1："抽油烟机和燃气灶一起买，真的能省很多钱？不会两件都是原价吧？"

主播："家人们，咱们先看看这款抽油烟机的原价是多少？（展示价格）×××元！这款燃气灶的原价是多少？（展示价格）×××元！两件加起来就是×××元！这两个价格都是最近售卖的真实价格，大家可以在商品的历史价格变动里看到。"

主播："但是！如果你今天在直播间一起买抽油烟机和燃气灶，你只需要付多少钱呢？（展示捆绑价）××××元！是不是很划算？相当于买了抽油烟机，燃气灶就半价送给你了！这样的优惠力度，你还在等什么？"

弹幕2："这么便宜，是不是质量不好啊？"

主播："我们家的抽油烟机和燃气灶都有国家3C认证，有品牌授权，有售后保障，绝对是正规的正品，你可以放心购买！"

2. 观众询问产品品质怎么做？

弹幕1："抽油烟机的吸力怎么样？燃气灶的火力大不大？"

主播："抽油烟机的吸力非常强大，采用了两个强力风机，可以快速吸走油烟，让你的厨房保持清新干净。"

主播："燃气灶的火力也很强劲，采用了高效节能的铜合金灶头，可以让食物快速煮熟，节省时间和燃气费。"

弹幕2："有没有安全隐患？"

主播："我们家售卖的抽油烟机和燃气灶都是经过严格的质量检测和安全认证的，符合国家相关标准和规定。"

主播："在设计和制造过程中，厂家注重每个细节，确保产品的安全性能和使用寿命。"

主播："而且抽油烟机和燃气灶都有安全保护装置，可以有效预防漏电、漏气等危险发生，让你的厨房更安全！"

3. 观众关心产品的安装服务怎么做？

弹幕："抽油烟机和燃气灶怎么安装？需不需要自己找师傅装？安装费用是多少？"

主播："我们提供抽油烟机和燃气灶的安装服务，家人们在下单页面可以自主选择。下单完成后，联系我们的客服，我们会为你安排专业的安装师傅上门服务。能让你省心就绝不让你操心！"

主播："同城的家人们，我们可以提供免费安装服务，其他地区的安装费用根据具体的安装需求会有所变化。我们的客服会提供基础的报价，绝对是公开透明的，这些家人们都可以放心。"

主播："买抽油烟机送燃气灶，家人们家里买了新房的、乔迁新居的，千万不要错过这次超低价活动！"

···········

⚠ **【关键过错不要犯】**

1. 主播在向观众介绍捆绑促销活动时，要确保他们明白按捆绑价买比单买更划算、更优惠，不要让他们误以为两件都是按原价卖的，也不要让他们产生其他误解。

2. 主播在回答观众提出的关于抽油烟机和燃气灶的捆绑促销活动的相关问题时，不能为了销量而临时做出无法实现的销售承诺。

3. 主播可以通过"免费安装"这一福利来吸引观众下单，但不能虚假宣传产品，要实事求是地介绍抽油烟机和燃气灶的品质和安全性，否则可能引起消费者的投诉或发生纠纷。

1.2.4　情景6：用活动促销开场

📺 **【痛点痒点这样抓】**

1. 询问活动促销情况：这个洗衣凝珠有什么活动啊？多少钱一盒啊？有没有限购啊？

2. 担心洗衣效果不好：这个洗衣凝珠能洗干净衣服吗？会不会残留化学物质啊？对衣服和皮肤有没有伤害啊？

3. 担心使用方法不方便：这个洗衣凝珠怎么用啊？要放多少啊？能不能和衣物消毒液混用啊？

某日用品直播间正在热卖一款洗衣凝珠，主播小梅正在给观众介绍这款洗衣凝珠的优点和使用方法。主播不停介绍着直播间的促销活动，跟观众强调买得越多越划算，以此来提高人气，增加销量。

🖥 【应答问题这样想】

1. 观众询问活动促销情况怎么办？

对于询问活动促销情况的观众，主播要抓住促销活动的"省钱""买多送多"这些要点向他们进行介绍，尽可能地使他们增加购买数量和金额。

2. 观众担心洗衣效果不好怎么办？

担心洗衣效果不好的观众，他们比较关注洗衣凝珠的清洁能力，主播应结合洗衣凝珠的成分和原理，着重强调"洗得净、用得少、无残留"的特点。

3. 观众担心使用方法不方便怎么办？

担心使用方法不方便的观众，他们可能担心自己不会正确使用洗衣凝珠，或者觉得洗衣凝珠不如传统的清洁产品方便，主播可以注重介绍一下洗衣凝珠的使用步骤和注意事项，以及洗衣凝珠的优势和特点。

💬 【互动催单这样讲】

1. 观众询问活动促销情况怎么做？

主播："今天直播间的家人们赶上了，大品牌补贴促销活动，基本上每款都有超低价！好事不常有，今天特别多！"

主播："我们直播间再给家人们送一个二重优惠、二重福利！喜欢的赶紧挑选下单了！"

弹幕1："这个洗衣凝珠有什么活动啊？多少钱一盒啊？"

主播："家人们，这个洗衣凝珠是我们直播间的拳头产品！原价×××元一盒的高效洁净洗衣凝珠！现在在我们直播间买2盒只要×××元，买3盒只要×××元，买5盒更是低至×××元！比打了6折还便宜！买得越多越划算！"

主播："咱们的活动只限今天哦，错过就没有了！家里要囤货的千万别错过。"

主播："而且我们还有二重优惠活动，今天在我们直播间买5盒送1盒，买10盒送2盒！以此类推，上不封顶！"

弹幕2："有没有限购啊？"

主播："单个用户限购50盒，想囤得多的朋友们，可以用家人的账号下单。

今天亏本冲销量，只要你下单，我们就给你发货！"

2. 观众担心洗衣效果不好怎么做？

弹幕1："这个洗衣凝珠能洗干净衣服吗？"

主播："家人们，这个洗衣凝珠的清洁力超强，能够有效去除衣服上的污渍和异味，让你的衣服洁白如新！"

主播："这个洗衣凝珠采用了先进的×××技术，能够有效祛除衣服上的油脂、汗渍等污垢，让你不费力、不费心，轻轻松松就能将衣物洗净！"

弹幕2："会不会残留化学物质啊？对衣服和皮肤有没有伤害啊？"

主播："这款洗衣凝珠采用了天然的植物提取物，让洗完后的衣服有一种植物的香味。"

主播："而且我们的洗衣凝珠经过了严格的安全检测，不含任何有害的化学物质，不会残留在衣服上，也不会对衣服和皮肤造成伤害！大家可以放心。"

3. 观众担心使用方法不方便怎么做？

弹幕："这个洗衣凝珠怎么用啊？要放多少啊？能不能和衣物消毒液混用啊？"

主播："家人们，这个洗衣凝珠的使用方法非常简单，只要按照衣物的重量和污垢程度，放入适量的洗衣凝珠，就可以直接开机洗了！"

主播："一盒洗衣凝珠有30颗，一般洗10件衣物只要放一颗就可以了，非常省钱！"

主播："我们的洗衣凝珠是可以和衣物消毒液混用的，不会产生不良反应，但是我建议你尽量单独使用，因为我们的洗衣凝珠已经包含了洗衣所需的各种清洁成分，不需要再额外添加其他的东西！"

…………

⚠ 【关键过错不要犯】

1. 主播要懂得引导直播间的观众购买，不断增加购买数量、提高订单金额，不要只是介绍促销活动的规则，否则达不到促销的效果。

2. 主播要对促销活动的规则熟悉，不能做出错误承诺，更不能出现销售事故。

3. 主播要对洗衣凝珠产品的知识有所了解，尤其要清楚洗衣凝珠的成分和原理，不能在面对观众质疑时找不到介绍重点。

▷▷ 1.3　用展示、展销开场

1.3.1　情景7：用产品展示开场

📺【痛点痒点这样抓】

1. 担心鞋架的质量不好：鞋架的材质是什么？是否坚固耐用？能不能防锈防腐？

2. 担心鞋架的容量不够用：鞋架的容量是多少？可以放多少双鞋？能不能放其他东西？

3. 担心鞋架的外观不美观：鞋架的颜色有哪些？有没有其他款式的鞋架？

某家居用品品牌直播间正在销售"轻松收纳·轻松生活"系列新品，主播小明正在向直播间的观众展示一款家用鞋架。为了提高观众对产品的认可度，他一边展示一边对这款鞋架的相关问题进行了详细的解答和回应。

🖥【应答问题这样想】

1. 观众担心鞋架的质量不好怎么办？

对于担心鞋架的质量不好的观众，主播可以围绕鞋架的材质、工艺等方面向他们进行介绍，直观地展示鞋架，让观众相信鞋架的坚固耐用性。

2. 观众担心鞋架的容量不够用怎么办?

对于担心鞋架的容量不够用的观众,主播可以围绕鞋架的容量、设计、用途等方面向他们进行介绍,展示鞋架的多用途和承载能力,满足观众的各类使用需求。

3. 观众担心鞋架的外观不美观时怎么办?

对于担心鞋架的外观不美观的观众,主播可以围绕鞋架的颜色、风格等方面向他们进行介绍,展示鞋架的多种颜色和款式,帮助观众选择自己心仪的产品。

【互动催单这样讲】

1. 观众担心鞋架的质量不好怎么做?

主播:"家人们晚上好啊,今天我给大家带来的好东西就是这款高品质鞋架。我看很多家人们都在弹幕上发不知道它质量好不好,我今天直接给大家展示细节,让大家看得清清楚楚、明明白白!"

弹幕:"鞋架的材质是什么?是否坚固耐用?能不能防锈防腐?"

主播:"咱们家这款鞋架是由高强度的细钢管组成的,它经过了特殊的处理,不仅坚固耐用,而且防锈防腐,不会轻易变形,可以放心使用。"

主播:"你们看我手上拿的这根刚拆下来的钢管,我来给你们演示一下。你们看,我用力弯折它,它并没有变形,它的质量是有目共睹的!"

主播:"而且,这些钢管还经过了特殊的涂层处理。它的表面光滑平整,不会刮伤你的鞋子,也不容易沾灰,非常容易清理,平时只要用一块干净的布轻轻擦拭,很容易就干净了。"

主播:"这款鞋架的每根钢管都是同样的品质。它们之间的连接也非常牢固,不易出现松动、摇晃的情况,更不会倒,你可以放心地把你的鞋子放在上面!"

主播:"你们说,这样的鞋架,质量是不是非常好?是不是非常值得拥有?大家是不是非常想要?那就赶快下单吧,现在还有优惠活动,数量有限,先到先得,错过了就没有了,快快快!"

2. 观众担心鞋架的容量不够用怎么做？

弹幕1："鞋架的容量是多少？可以放多少双鞋？"

主播："咱们家这款鞋架的容量是非常大的，它是多层的设计，每层都可以放4双鞋。你可以根据你的需要，选择不同层数的鞋架，最多有8层的，也就是能放32双鞋。对于一般家庭日常使用来说，完全足够了。"

主播："就拿我展示的这款鞋架来说吧，它是4层的设计，可以放16双鞋。你们看，它的每层都有足够的空间，不管是高跟鞋、运动鞋，还是拖鞋，都可以被轻松放进去，不会被挤压变形，也不会掉下来，非常方便。"

弹幕2："能不能放其他东西？"

主播："当然可以，这款鞋架不仅可以放鞋，还可以放其他东西，比如帽子、围巾、手套、雨伞、钥匙等。它的顶层还有一个小篮子，可以放一些零碎的小物件，我们平时出门顺手拿的小东西也可以放进去，非常节省空间。"

3. 观众担心鞋架的外观不美观怎么做？

弹幕1："鞋架的颜色有哪些？"

主播："咱们家这款鞋架的颜色是黑胡桃木色的。黑色是永恒的经典色，无论是什么风格的家居，都可以搭配，而且黑色也不容易脏，不用经常清理，非常实用。"

主播："这款鞋架还有原木色、白色、灰色等多种颜色，咱们可以根据自己喜好和家居风格来挑选。"

弹幕2："不好看我不喜欢，有没有其他款式的鞋架？"

主播："当然有！亲爱的，我们家有很多很多好看的鞋架，无论你是喜欢简约的，还是喜欢复古的，我们都有合适你的那款。"

主播："你看看这一款，这是一个偏复古的设计。家人们喜欢什么样的都可以在弹幕上发出来。"

…………

⚠ 【关键过错不要犯】

1. 主播在展示鞋架时，要注意突出鞋架的优势，要使用具体和有说服力的例子来说明鞋架的优点，不能使用空洞或者夸张的语言。不要说"最好的鞋架""最省空间的鞋架""最美观的鞋架"等。

2. 主播在展示鞋架时，要注意尊重和倾听观众的反馈，要使用积极和鼓励的语气来回应消费者的建议和评价，不能使用消极或者否定的语气。不要说"你不懂""你不对""你不会"等。

3. 主播在展示鞋架时，要注意适应和满足消费者的需求，要使用灵活和多样的方式来推荐鞋架的搭配，不能使用刻板或者单一的方式。不要说"只有这种颜色""只有这种层数""只有这种摆放方式"等。

1.3.2　情景8：用产品试验开场

📺【痛点痒点这样抓】

1. 担心电动晾衣架晾衣效果不好：电动晾衣架的晾衣空间和承重能力如何？电动晾衣架的烘干和消毒功能是否有效？电动晾衣架的晾晒杆和钢丝绳是否耐用？

2. 担心电动晾衣架使用不方便：电动晾衣架的操作方式是什么？电动晾衣架的控制系统是否稳定？电动晾衣架的噪声和耗电量如何？

3. 担心电动晾衣架安装麻烦：电动晾衣架需要怎样安装？安装的时间和费用是多少？安装的质量和安全性如何？

某家居品牌直播间正在进行电动晾衣架专场销售，当天销售的都是电动晾衣架。因为电动晾衣架是一款智能家居用品，价格相对较高，主播小澜正在用实际的产品试验来回答观众提出的有关电动晾衣架的问题。

🖥️【应答问题这样想】

1. 观众担心电动晾衣架晾衣效果不好怎么办？

对于担心电动晾衣架晾衣效果不好的观众，主播可以围绕电动晾衣架的晾衣性能向他们进行介绍，包括电动晾衣架的晾衣空间和承重能力、电动晾衣架的烘干和消毒功能、电动晾衣架的晾晒杆和钢丝绳的耐用程度，让观众了解电动晾衣架的相关功能信息，借此说服他们购买。

2. 观众担心电动晾衣架使用不方便怎么办？

对于担心电动晾衣架使用不方便的观众，主播可以围绕电动晾衣架的操作方式向他们进行介绍，告诉观众电动晾衣架的操控方式，比如遥控器、App、声控等，电动晾衣架的控制系统的稳定性，电动晾衣架的噪声和耗电量如何，让观众了解使用的相关信息，消除他们的顾虑。

3. 观众担心电动晾衣架安装麻烦怎么办？

对于担心电动晾衣架安装麻烦的观众，主播可以围绕电动晾衣架的安装服务向他们进行介绍，告诉观众电动晾衣架的安装方式、安装的时间和费用、安装的质量和安全性，以及安装的注意事项和常见问题，让观众了解安装的相关信息，消除他们的疑虑和担忧。

💬【互动催单这样讲】

1. 观众担心电动晾衣架晾衣效果不好怎么做？

主播："直播间卖的东西好不好，主播说了不算，试验结果才是最好的说明。今天，我直接给大家看结果，你觉得好，再下单！"

弹幕1："电动晾衣架的晾衣空间和承重能力如何？"

主播："我们家这款电动晾衣架的晾衣空间和承重能力都是非常强大的。这款电动晾衣架的晾晒杆可以伸缩，可以根据你的晾衣量和衣物大小，自由调节晾衣架的长度和宽度，最大可以达到2米的长度和1.5米的宽度，可以同时晾挂20件左右的衣物，不用担心晾不下或者晾不开！"

主播："我们家这款电动晾衣架的承重能力也是非常惊人的，我们的电动晾衣架的晾晒杆和钢丝绳都采用了高强度的不锈钢材料，可以承受50公斤左右的重量，不用担心断裂或者变形，你可以放心地晾挂你的大衣、被子、毛毯等重物！"

主播："你们看，我现在就用我们家的这款电动晾衣架来给你们现场试验一下。我先把晾衣架升起来，然后把这些湿漉漉的衣服挂上去。你们看，晾衣架上挂满了衣服，还有很多空间！"

主播："我再把这床被子也挂上去。你们看，晾衣架还是很稳固的，没有任何的晃动或者倾斜，是不是很牛、很厉害？"

弹幕2："电动晾衣架的烘干和消毒功能是否有效？电动晾衣架的晾衣杆和钢丝绳是否耐用？"

主播："我们家这款电动晾衣架的烘干和消毒功能都是非常有效的，它的烘干功能使用了×××发热器和×××吹风机，可以在短时间内将吹风温度升高到60摄氏度以上，快速地将衣物上的水分烘干，让家里晾晒的衣物在雨天或者冬天也能迅速干燥，不用担心发霉或者产生异味。"

主播："我们家这款电动晾衣架的消毒功能搭配了紫外线灯，利用紫外线的杀菌能力，可以在×××分钟内消灭衣物上××%的细菌，让你的衣物更加清洁和健康，不用担心感染或者过敏。"

主播："我现在给大家现场展示一下这款电动晾衣架的烘干和消毒功能，我先把晾衣架降下来，然后用遥控器打开烘干和消毒功能。"

主播："可以看到，晾衣架上的灯亮起来了，说明烘干和消毒功能已经开始工作了，我们等一会儿，就可以看到衣服的变化了。"

主播："我们家这款电动晾衣架的晾晒杆和钢丝绳都是非常耐用的，晾衣架的晾晒杆和钢丝绳都经过了防锈、防腐、防氧化的处理，可以长期使用，不会生锈、变色，你可以放心地使用我们的电动晾衣架！"

2. 观众担心电动晾衣架使用不方便怎么做？

弹幕1："电动晾衣架的操作方式是什么？电动晾衣架的控制系统是否稳定？"

主播："这款电动晾衣架的操作方式非常多样，你可以根据你的喜好和习惯，选择最适合你的方式。"

主播："我们的电动晾衣架配有遥控器，你可以用遥控器来控制电动晾衣架的升降、照明、烘干、消毒等功能，遥控器的按键设计简单易懂，操作起来非常方便。"

主播："我现在就用遥控器来给你们演示一下。我按一下这个按钮，你们看，晾衣架就开始升起来了。我再按一下这个按钮，你们看，晾衣架就开始降下来了。是不是很快、很顺畅？"

主播："我们的电动晾衣架也可以通过手机App来控制，你只需要下载我们的App，就可以在手机上实时查看和控制电动晾衣架的状态和功能。"

主播："借助智能家居系统，你还可以设置定时开关、智能场景等，让你的晾衣更加智能和省心。"

主播："我可以用手机来给大家演示一下。打开App之后，你们看，这里可以显示晾衣架的当前温度、湿度、运行时间等信息。我可以随时调整，我还可以设置晾衣架的烘干和消毒功能在什么时间自动开启或关闭，根据自己的生活习惯选择最合适的时间。是不是很方便、很智能？"

主播："我们的电动晾衣架还支持语音控制，你可以通过智能音箱或者手机上的语音助手，来对电动晾衣架进行语音控制，比如'×××，把晾衣架升起来''×××，把晾衣架的烘干功能打开'等，让晾衣更加轻松和有趣！"

主播："我们的电动晾衣架的控制系统是非常稳定的，同时也有多重的安全保护，比如过载保护、过热保护等，让你使用起来更加安全和放心。"

弹幕2："电动晾衣架的噪声和耗电量如何？"

主播："我们家这款电动晾衣架的噪声和耗电量都是非常低的。我们的电机采用了无刷直流电机，运行起来非常安静，噪声只有30分贝左右，相当于一个安静的图书馆中的声音大小，不会影响你的休息和学习。"

主播："我现在就控制晾衣架升降一下，你们听，声音是不是很小？"

主播："我们家这款电动晾衣架也是非常节能的，它的照明功能采用了LED灯，亮度高、寿命长、耗电量低，一天也只需要0.1度电。"

主播："它的烘干功能采用了×××发热器和×××吹风机，温度均匀，效率高，耗电量低，烘干一次只需要0.5度电。"

主播："它的消毒功能采用了紫外线灯，杀菌率高，无污染，耗电量低，消毒一次只需要0.2度电。"

3. 观众担心电动晾衣架安装麻烦怎么做?

弹幕1: "电动晾衣架需要怎样安装? 安装的时间和费用是多少?"

主播: "家人们,电动晾衣架的安装非常简单,你完全不用操心,只需要在我们的官方网站或者购物平台上下单,我们会有专业的安装师傅上门为你服务。安装时间一般在1到2个小时,安装的费用也是免费的,你不用担心任何的额外支出!"

弹幕2: "安装的质量和安全性如何?"

主播: "我们的安装师傅都经过了严格的培训和考核,他们会根据你的阳台的大小、形状、材质等因素,选择最合适的安装方式和位置,确保电动晾衣架的稳固和美观,同时也会检查电源的接线和插座的安全性,避免有任何的安全隐患。"

…………

⚠ 【关键过错不要犯】

1. 主播利用产品试验来向观众介绍电动晾衣架的各项功能时,要真实有效,不要设计虚假试验,更不能使用非售卖产品的试验结果欺骗观众。

2. 不要忽略产品的基本信息,比如品牌、型号、功能、价格等,这些都是观众最关心的问题,要在合适的时机清楚地告诉观众,让他们对产品有一个全面的了解。

3. 不要只用自己的话来推荐产品,这样会让观众觉得主播专业性不强,也会缺乏说服力。要善用第三方的证明来为产品做背书,让观众看到产品的社会认可度和市场竞争力。

1.3.3　情景9：用产品对比开场

📺【痛点痒点这样抓】

1. 质疑产品真假：这是不是很火的那款？跟图片上的一样吗？跟其他牌子的有什么区别？

2. 询问产品的功能、性能：这种燃气灶的火力怎么样？能不能节能省气？会不会漏气或者爆炸？

3. 关心产品的安装效果：这种燃气灶适合什么样的厨房？会不会占用太多空间？有没有更好看的设计？

某厨电品牌直播间正在展示一款爆款的燃气灶。它的特点是智能控制，自动调节火力，安全防护，节能环保。主播小胡想通过正品和相似款对比的方式，让观众感受到这款燃气灶的独特优势，增强他们的购买欲。

🖥【应答问题这样想】

1. 观众质疑产品真假怎么办？

观众关注产品真假，可能有从众或跟风的心理，主播要拿出实物或图片进行对比，证明自己的产品是正品，并且跟其他牌子的产品进行差异化分析，突出自己的产品优势。

2. 观众询问产品的功能、性能怎么办？

观众对功能、性能询问，说明关心产品的实用性和安全性，主播要详细介绍燃气灶的火力、节能、防护等功能，展示产品的高效、节能、安全等优点。

3. 观众关心产品的安装效果怎么办？

观众对安装效果好奇，说明想知道产品是否适合自己的厨房和装修审美。主播要明白他们关心的重点，以对症下药。

【互动催单这样讲】

1. 观众质疑产品真假怎么做？

主播："各位家人们想必都在关注最近很火的一款燃气灶吧，今天我就给大家带来了这款超级火爆的燃气灶。它采用智能控制技术，可以自动调节火力，适应各种烹饪需求。无论你是炒菜还是煲汤，它都能轻松搞定！"

弹幕1："这是不是很火的那款？"

主播："当然是啦！咱们直播间的这款燃气灶，就是你们在社交媒体上看到的那一款，无论是外观、功能还是品质，都跟图片上的一模一样，绝对是正品！"

主播："你们看，我现在就拿出实物和图片进行对比，大家可以仔细看看，是不是没有任何差别？"

弹幕2："跟图片上的一样吗？"

主播："完全一样！你们看，这款燃气灶的特点就是智能控制，它有一个触摸屏，可以显示当前的火力大小、温度、时间等信息。你可以根据自己的需要，轻松调节火力，不用担心火太大或者太小，影响菜肴的口感。"

主播："它的外观也很有特色。它的面板是黑色的钢化玻璃，看起来很高档，也很好清洗，不会沾油，不会刮花，都是爆款的标志性元素。"

弹幕3："跟其他牌子的有什么区别？"

主播："我这里还准备了几件相似的其他牌子的燃气灶，我们来进行一下对比！咱家的燃气灶质量好，根本不怕货比三家！"

主播："你们看，这个牌子燃气灶的火力就没有我们的强劲，看起来火力比较弱；这个牌子燃气灶的节能数据没有我们的高，会更加费气；这个牌子燃气灶的防护就没有我们的完善，使用起来可能有所不便；这个牌子燃气灶的外观就没有我们的美观，看起来较为普通。"

2. 观众询问产品的功能、性能怎么做？

弹幕1："这种燃气灶的火力怎么样？能不能节能省气？"

主播："这种燃气灶的火力非常棒，它采用了双环火焰设计，可以根据不同的锅具和食材，自动调节火力大小，让火焰均匀包裹，让加热更快、菜肴更美味。而且它还能节能省气，它可以根据火力的大小，自动调节气量，避免浪费，节省你的燃气费用。"

弹幕2："会不会漏气或者爆炸？"

主播："不会的，这种燃气灶非常安全，它有多重防护措施，比如有防干烧保护，当锅里的水烧干了，它检测到就会自动关闭火源，避免发生火灾；还有防溢出保护，当锅里的汤汁溢出了，它会自动关闭火源，避免发生危险。"

3. 观众关心产品的安装效果怎么做？

弹幕1："这种燃气灶适合什么样的厨房？"

主播："这种燃气灶适合各种样式的厨房，无论是现代风还是简约风，都能和它搭配得很好。"

主播："而且它的外观设计也很美观，黑色的钢化玻璃、金色的旋钮、银色的炉头，都是高端大气的象征，可以提升你的厨房的档次和氛围。"

弹幕2："会不会占用太多空间？"

主播："不会的，这种燃气灶的安装方式是嵌入式的，也就是说它可以直接安装在你的厨房台面上，不需要额外的支架或者柜子，可以节省你的厨房空间，也可以让你的厨房看起来更加整洁和协调。"

弹幕3："有没有更好看的设计？"

主播："有！除了这款燃气灶，我们还有边缘圆角设计的燃气灶，黑色的钢化玻璃，搭配银色的旋钮。它的炉头是金色的，看上去更加大气高档！"

…………

⚠ 【关键过错不要犯】

1. 在对正品和相似款进行对比时要注意依据事实和数据，不要随意夸大或者贬低相似款产品，要让观众感受到真实和可信。

2. 主播不要对比不相关或不在同一水平的产品，要选择同档次或者同价位的产品进行对比，突出自家燃气灶的优势和特点。

3. 主播对相似款产品不要使用贬低或者攻击性的语言，要尊重其他品牌和产品，用客观和中立的语气进行对比，避免引起观众的反感和抵触。

1.4 直播开场的话术

1.4.1 产品介绍式话术

【话术1】

亲爱的家人们，大家好！我是每天在这等你们的老朋友_____，今天我来帮大家解决问题！

大家是不是经常觉得家务活烦琐无趣，让人头疼不已呢？别担心，今天我给大家带来的这款神器，就是你的家居好帮手！让我们给家务工作来一次大革命，帮你从家务劳动中解放出来，让你的生活更加舒适便捷！

这款神器就是我们家的_____！它采用了先进的_____技术，可以自动识别_____，规划出最合适的_____。而且，它还配备了超大_____，无论大小_____，都能_____！最重要的是，它还有_____功能，_____完之后，它会自动_____，省去了你不少麻烦事呢！

这款_____还具备强大的_____功能，无论是地毯、桌腿、_____还是其他障碍物，它都能轻松_____。而且，它还具备_____功能，即使在_____，也能安全稳定地_____。怎么样，你是不是很心动呢？

而且，这款_____还支持手机App控制，无论你身在何处，都能随时掌控它的工作状态。不仅如此，App上还有多种_____模式供你选择，你可以根据自己的需求进行设置。

家人们，这款_____真的是家居必备的好帮手啊！它能帮你省去大量的时间和精力，让你有更多的时间去享受生活的美好。而且，它的价格也非常实惠，现在购买还有优惠活动哦！如果你还在为家务活烦恼，那就赶快行动吧！

📖【话术2】

欢迎×××和×××，欢迎家人们来我的直播间！主播_____今天给大家带来了一款好物，直播间里被_____、_____和_____这些烦恼困扰的家人有没有？弹幕打打字、发发言让我看到啊！

我给家人们推荐的这款_____采用了优质_____材料，柔软舒适，亲肤性强！同时，它采用了精细的染色工艺，颜色持久鲜艳，不易褪色。不仅如此，这款_____还具有_____强、易_____的特点，能够迅速_____，让你的皮肤感受到_____和舒适！

更重要的是，这款_____还具备_____功能。它采用了先进的_____技术，能够有效抑制_____的滋生，为你的家居生活提供多一层的卫生保障和_____。无论是_____、_____还是_____，这款_____都能派上用场，是家居清洁的得力助手。

家人们啊！这款_____真的是家居必备的神器啊！它不仅能够让你的皮肤感受到_____，还能为你的家居生活提供_____。如果你还在为选择一款好的_____而烦恼的话，那你千万不能错过它！

📖【话术3】

直播间的家人们，大家晚上好啊！我是_____，今天我要给大家带来一款全新的厨房神器_____！对于很多家庭来说，_____是一件很烦琐的事情，需要花费大量的时间和精力。但是有了这款_____，一切都将变得简单起来！

我们家这款_____采用了_____技术，能够准确判断_____、_____和_____，精准确定烹饪_____。你只需要将_____放入_____中，选择相应的_____模式，然后按下开始键，一切就都交给_____了。而且，它的_____采用了_____设计，清洗起来非常方便！

不仅如此，这款_____还具备多种_____模式，除了_____，还能够_____、_____、_____等。无论你想_____，它都能轻松满足你的需求。最棒的是，它还有定时功能，你只需要设置好时间，到点自动开始_____。这样你就可以在早上多睡一会儿懒觉了！

家人们，这款_____真的是厨房的得力助手啊！如果你还在为_____而烦恼，那就赶快行动吧！让这款_____成为你的好帮手，让生活更加轻松自如，让美味不再难得！

1.4.2　产品展示式话术

【话术1】

欢迎家人们来我们直播间，大家好啊！我是你们的好物分享官_____，今天我要给大家介绍一款家庭必备电器_____！

不知道直播间里有多少有孩子的朋友们，大家一定要特别关注_____和_____的安全和健康！我给大家分享的这款_____采用了_____的_____技术，可以快速有效地去除室内的_____、_____、_____等有害_____，让你_____到更加_____的_____。同时它还可以_____空气中的_____和_____，有效保护你和家人的_____和_____健康。特别是在_____天气或者家中有人过敏时，它能够起到很大的_____作用。

同时这款_____的外观设计非常_____，线条_____，造型_____，可以很好地融入各种家居风格中。而且它的体积小巧，不占多少地方，非常适合现代家庭的使用需求。

我现在开机运行给大家看一下，可以看到这款_____的细节设计非常精致！大家能看到它的_____效果吧，多么明显啊！这么多_____一下子就_____了。再听听声音，因为它的_____设计很合理，在高档位运行时的噪声也非常小，即使在夜间使用也不会影响你的睡眠质量！

_____的健康很重要！现在大家的生活品质上来了，_____也都要注意到，我们家这款_____一定不会让你失望！

📖【话术2】

欢迎，欢迎！欢迎大家来直播间！我是主播_____，今天给大家带来的是我们家的新款好物，超级_____的_____！

首先，让我们一起来看一下这款_____的包装设计。它的外观采用了_____的设计风格，颜色清新自然，让人一看就非常喜欢。而且它的包装质量非常_____，使用的是_____材料，既_____又_____。

拆开外面的包装后，我们可以看到这款_____的_____非常_____，颜色_____，没有任何_____。而且它的味道非常_____，不是那种_____的_____味，而是让人感到_____的_____味道。

除了外观和气味，这款_____的_____效果也非常出色。它采用了_____的_____技术，能够深入到_____中，将_____彻底清除_____。无论是_____、_____还是_____等顽固_____，都可以轻松去除。

而且这款_____还非常_____，不伤_____和_____。它含有天然的_____成分和_____，能够保护_____的颜色和材质，让_____更加_____舒适。同时，它的_____值非常接近_____，不会刺激_____，非常适合家庭使用。

我们家这款_____集外观、气味、_____效果于一身，是生活中不可或缺的常备用品，赶快来试试这款_____吧！相信它会给你带来惊喜！

📖【话术3】

家人们，大家晚上好啊！今天我给你们种草一个好东西，_____！我自己已经在家里用了2个月了，现在已经完全离不开它了！

这款最新_____的外观设计真的非常精美。它的线条流畅，造型时尚，颜色搭配也非常和谐。放在家里就像一件艺术品，不仅实用，还能为家居环境增添一份美感！

打开包装后，我们可以看到_____的细节设计也非常用心。它的_____设计合理，方便清理，_____柔软耐用，不会刮伤_____。而且，它的续航能力非常强大，充一次电可以使用多次，非常适合家里面积比较大的朋友们。

最重要的还是它的_____能力。这款_____采用了先进的_____技术，可

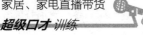
以规划出最_____的_____路线，不遗漏家里的任何一个角落。无论你家里有宠物、有孩子还是经常有朋友来聚会，地面上的_____和_____都可以_____，让你的家始终保持_____！

如果你是一个忙碌的上班族，没有多余的时间处理家务，这款_____一定是你的家居好帮手！它可以为你省去很多做_____的时间和精力，让你的生活更加轻松自在！

1.4.3 产品试验式话术

📖【话术1】

家人们，晚上好！今天我要给大家带来一款很_____的_____，它就是我们家的新款_____！我知道，大家对于厨房的清洁问题都非常关注，所以今天我就给大家现场试验一下，让大家看看这款_____的神奇效果！

首先，我在一块沾满_____的抹布上挤上适量的_____。然后，我用手轻轻搓揉，抹布上的_____开始迅速溶解。接下来，我用清水冲洗抹布，抹布上的__
_____被彻底冲洗干净，抹布变得洁白如新。

试验证明，这款_____具有超强的_____能力，能够迅速溶解各种_____和_____等顽固污渍。它还添加了温和的_____成分，不伤_____的同时还能保护环境。如果你也经常为厨房清洁问题烦恼，不妨试试这款_____。相信我，你一定会爱上它的！

📖【话术2】

来来来，家人们，今天我要给大家分享一个好宝贝！就是这款实用的厨电产品_____！我知道现在健康饮食非常流行，大家都想要吃得更健康、更美味。那么，这款_____就是你的得力助手了！它能够用少量的油或者不用油来烹饪各种美食，让你轻松享受美食！

现在，我就来给大家现场试验一下这款_____的实际效果。首先，我将一些薯条放入_____中，并设置好温度和时间。然后，我按下开关，_____就开始工作了！透过这些小窗口我们可以清晰地看到，_____内部的_____正在循环均匀加热薯条，慢慢地，薯条表面就会变得金黄酥脆了！仅仅用了几分钟的时间，薯条就做好了！

这款_____不仅操作简单方便，还具有多种功能，可以烹饪各种美食。如果你也想要在家中享受美食，这款_____是你的不二之选！

📖 【话术3】

亲爱的观众朋友们！晚上好呀！今天我要给大家带来一款特别_____的_____！我知道很多朋友在工作或运动时需要_____，但是普通的_____无法满足这个需求。那么，这款_____就是你的完美解决方案了！

大家肯定很好奇，这款_____的实际效果有没有我说的那么好！今天我就给大家现场试验一下这款_____的效果，让大家买得放心、买得安心！我们将一些_____倒入_____中，并盖上盖子，咱们等几分钟，通过这个温度的变化可以看出_____的_____效果。

家人们，可以看到我们家这个_____的温度一直保持在_____的水平，这说明这款_____具有出色的_____性能。这些都是真实的试验，我相信通过这些试验，能够让家人们对我们产品的专业水平和质量水平有一定的了解！真心换真心，本本分分做生意才有我们今天的好评如潮！

1.4.4 产品对比式话术

❖━━◆◆◆❖◆◆◆━━❖

📖 【话术1】

大家好！欢迎来到我的直播间！今天我要给大家介绍一款家电好物，_____品牌的_____！这款_____与一般的_____有所不同，它的强大功能和人性化设计，能为你的餐桌带来更多的美味！

首先，它的外观＿＿＿＿，无论是放在＿＿＿＿还是＿＿＿＿，都是一个＿＿＿＿，不会显得突兀。而且它的操作界面非常人性化，即使是不擅长使用家电的家中长辈也能轻松上手！

与其他的＿＿＿＿相比，这款＿＿＿＿的功能更加全面。除了＿＿＿＿，你还可以用它＿＿＿＿、＿＿＿＿、＿＿＿＿等。忙碌的工作后，只需一个＿＿＿＿，就能让你品尝到家的味道。而且它的定时功能特别适合忙碌的上班族，提前设置好时间，下班回家就能享受到美食啦！

安全性也是这款＿＿＿＿的一大亮点。它采用智能控制系统和优质材料，确保了使用的稳定性和产品的耐用性。过热保护和短路保护等功能，更是为你的安全使用提供了层层保障！

现在购买这款＿＿＿＿有＿＿＿＿的优惠活动！为了家中的每餐，选择一款好的＿＿＿＿是绝对值得的！

【话术2】

大家好！欢迎来到我的直播间！我是你们的主播＿＿＿＿。今天我要给大家推荐一款日用好物，就是这个＿＿＿＿的＿＿＿＿！这款＿＿＿＿与市面上的其他＿＿＿＿有所不同，它的独特配方可以为你的＿＿＿＿带来更加深层的清洁。

大家知道，＿＿＿＿的清洁不能仅仅停留在表面。＿＿＿＿和＿＿＿＿是常见的＿＿＿＿问题，但这款＿＿＿＿中的天然＿＿＿＿和＿＿＿＿，可以深入＿＿＿＿，有效去除＿＿＿＿并预防＿＿＿＿。而且，它的＿＿＿＿和＿＿＿＿配方不仅可以让＿＿＿＿保持＿＿＿＿，更能让你在＿＿＿＿时感受到＿＿＿＿与愉悦。

与其他品牌相比，这款＿＿＿＿更容易使用。不需要烦琐的步骤，每天＿＿＿＿次，轻轻松松就能完成＿＿＿＿清洁。而且它的包装设计很可爱，相信一定能为你的＿＿＿＿增添一抹亮色。

价格方面，这款＿＿＿＿非常实惠，现在购买还有优惠活动哦！为了你和家人的＿＿＿＿健康，这款＿＿＿＿绝对值得一试！

【话术3】

直播间的家人们，大家晚上好啊！我是_____，欢迎来到我的直播间！今天我要给大家分享一款日用好物_____！这款_____有它独特的优点，它的_____成分和_____功能，能够有效帮助你的_____焕发_____的_____！

市面上很多_____都含有化学成分，但这款_____主要采用天然的_____，为你的_____和_____提供最自然的呵护。其中的_____成分不仅可以深入清洁_____，更能补充_____所需的水分和营养，让你的_____告别_____、_____！

与其他_____相比，它用起来更舒服。取适量的_____倒在掌心，轻轻涂抹按摩_____和_____，然后冲洗干净即可。它的_____和_____配方，能为你带来_____的_____和_____的_____。而且它的便携式包装设计，让你能够随时随地保持_____的完美状态！

▶▶ 1.5 直播开场经典语句

1.5.1 日用品直播开场经典语句

【经典语句1】

×××生活用品囤货节，直播间特价优惠，全场满100元减10元，满200元减30元，满300元减50元！错过今天，再等半年！

【经典语句2】

人气到位，好物到位，经典到位，家人们这个味儿就对了！你只管你买的价

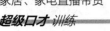

低不低，不要管我赔不赔！

【经典语句3】

欢迎光临×××官方直播间！你日常生活中所需的各种商品，我们这里应有尽有！而且，品质保证！价格抄底！让你买得放心，用得舒心！

1.5.2　家居直播开场经典语句

【经典语句1】

价格是品牌方定的，但有点高！折扣是直播间给的，还真不少！实惠是家人们拿的，你要不要？

【经典语句2】

六六大顺，好事连连。全场产品经典款一律6折，只要6折！只有6折！

【经典语句3】

品质往高处想，价格朝低处看！我们的产品格调高，但是价格低！

1.5.3　家电直播开场经典语句

【经典语句1】

×××品牌家电，全国千万用户的共同选择。品质有保障，用户更放心！

【经典语句2】

×××厨房专家，十八般厨艺，都能轻松应对，专业更专心，让家的感觉更美好！

【经典语句3】

家电不仅仅是工具，也是我们日常生活的一部分，它们代表着我们的生活方式和品位。选择我们，就是选择了有品质的生活态度和追求！

第 2 章

把人留住该怎么弄

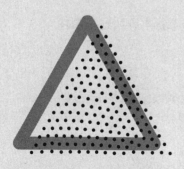

▷▷ 2.1 用产品留人

2.1.1 情景10：用权威数据法留人

【痛点痒点这样抓】

1. 担心四件套的质量和安全性：四件套是不是纯棉的？是否含有有害物质？

2. 关注四件套的舒适度：四件套的手感怎么样？厚度适合什么季节？

3. 好奇四件套的设计风格：四件套的颜色和图案是什么？能不能和家居风格相配？

某床上用品品牌直播间正在展示一款新品床上四件套，主播小梦想用权威数据法留住观众，让大家相信这款四件套的品质和效果。直播间观众一边看直播一边积极互动，大部分观众都对这款四件套的材质、设计等内容非常感兴趣。

【应答问题这样想】

1. 观众担心四件套的质量和安全性怎么办？

观众对四件套的质量和安全性非常关注，主播要用权威数据来证明这款四件套的材质纯净无害，符合国家标准和检测要求。

2. 观众关注四件套的舒适度怎么办？

观众对四件套的舒适度和保暖性也很重视，主播要用权威数据来说明这款四件套的手感柔软、厚度适中。

3. 观众好奇四件套的设计风格怎么办？

观众对四件套有一定的审美需求，主播要用权威数据来说明这款四件套的颜色和图案是根据市场调研结果和专业设计师的建议而定的，有多种风格可供选择，能够和不同的家居风格相协调。

💬【互动催单这样讲】

1. 观众担心四件套的质量和安全性怎么做？

主播："各位家人们想必都在寻找适合自己的床上用品吧，那大家来我家真是来对地方了！今天我给大家带来了一款超级优质的床上四件套。它不仅材质舒适，安全无害，而且有超级实惠的优惠价格哦！"

观众1："四件套是不是纯棉的？"

主播："当然是纯棉的啦！这款四件套的面料选用的是高品质的长绒棉，经过了严格的国家质量检测，符合GB××类标准，也就是婴幼儿用品的标准哦，这意味着这款四件套可以放心使用！"

观众2："是否含有有害物质？"

主播："这款四件套的颜色都是采用的环保染料，不含重金属、甲醛等有害物质，经过了国家权威机构的检测，符合纺织品染料限量的标准哦！这意味着这款四件套染料健康，可以安心使用！"

2. 观众关注四件套的舒适度怎么做？

观众1："四件套的手感怎么样？"

主播："这款四件套的手感非常柔软，因为它采用了特殊的工艺，使得面料的绒毛更加细密，密度达到了××%，更加亲肤。同时，这种工艺也增加了面料的韧性和弹性，使得面料不易起球、不易变形。这款四件套的手感，我可以用一个短语来形容，就是'丝般的柔滑'！"

观众2："厚度适合什么季节？"

主播："这款四件套的厚度是适合一年四季使用的，因为它采用了双层的结构，内层是纯棉的，外层是涤纶的，这样既能保持棉的透气性又兼顾排湿性！"

3. 观众好奇四件套的设计风格怎么做？

观众1："床上四件套的颜色和图案是什么？"

主播："这款四件套的颜色和图案都是根据最新的市场调研结果和专业设计

师的建议而定的。我们一共调研了××类人群，综合了××位设计师的想法和建议，设计出了既符合当下的流行趋势，又体现了个性和品位的颜色和图案。"

观众2："能不能和家居风格相配？"

主播："这款四件套的颜色有淡雅的米白色、温馨的粉色、清新的蓝色，还有时尚的灰色，总有一款适合你的喜好。图案有简约的几何形、优雅的花卉、活泼的卡通，还有浪漫的爱心，总有一款适合你的风格。"

…………

⚠【关键过错不要犯】

1. 用权威数据法留人要注意数据的来源和真实性，不要随意编造，要有可靠的证据和引用，不要使用虚假数据，以免失去观众的信任。

2. 主播要注意突出四件套的卖点和优势，不要只说数据不说效果，要让观众感受到四件套的价值和好处，用数据来支撑和证明效果，而不是用效果来修饰数据。

3. 主播开播人气不高时，不要一次性把所有权威数据说完，要留有余地，一步一步地吸引观众停留，递进式留人。

2.1.2　情景11：用现场试验法留人

▶【痛点痒点这样抓】

1. 关注产品的保温效果：能保温多久？温度会降多少？

2. 质疑产品是否真的不漏水：倒过来不会漏吗？摇晃也不会漏吗？

3. 询问不同试验方法：还有其他试验吗？

某保温杯品牌官方直播间正在展示几款新款保温杯，主播小李邀请了一位助手，给大家演示保温杯的保温、防漏性能。直播间的一些现场试验吸引了很多观众的关注，直播间观众纷纷表示非常好奇，对主播不停地点赞和评论，直播间的人气热度也越来越高。

【应答问题这样想】

1. 观众关注产品的保温效果怎么办？

观众对保温杯的保温效果非常关注，说明对饮品的温度有一定的要求，主播可及时与观众互动展示保温杯的实际保温时长和温度变化，提高观众的信任度和满意度。

2. 观众质疑产品是否真的不漏水怎么办？

观众对保温杯的防漏性能非常好奇，说明对保温杯的密封性比较关心，主播可以稍微"夸张"地演示保温杯的防漏、防摔、防滑等性能，以消除观众的疑虑。

3. 观众询问不同试验方法怎么办？

观众对试验越感兴趣，主播越应该趁热打铁多试验，同时要尽快介绍下单方式和优惠活动，留住这波观众，提升成交转化率。

【互动催单这样讲】

1. 观众关注产品的保温效果怎么做？

观众1："保温效果有多好？"

主播："这个保温杯是用优质不锈钢和××技术制作的，可以保证饮品的温度长时间不变。你们看，我现在就给大家做一个实验，我先用温度计测量一下这杯热水的温度，是多少度呢？"

观众2："80摄氏度！"

主播："没错，是80摄氏度，我现在就把这杯热水倒进保温杯里，然后把盖子拧紧，放在这里。我们一小时后再来看看温度的变化。"

观众3："好期待！"

2. 观众质疑产品是否真的不漏水怎么做？

观众1："倒过来不会漏吗？"

主播："家人们，这个保温杯不仅保温效果好，而且防漏，我现在就给大家演示一下。这个保温杯可以直接倒过来，不会漏出一滴水！"

观众2："不会吧！"

主播："（拿起保温杯，倒过来）看到了吗？这个保温杯完全没有漏水，没有任何水滴或水渍！防漏性能很优秀！"

3.观众询问不同试验方法怎么做？

观众1："我还想看更刺激的！"

观众2："还有其他试验吗？"

主播："（拿起保温杯，摇晃）好了家人们，这还不算什么，我现在再给大家看一个更厉害的。我现在就拿着这个保温杯摇晃，你们看，里面的水还是不会漏出来！"

主播："（拿起保温杯，往地上摔）怎么样！家人们，看到了吗？这个保温杯完好无损，没有任何变形或损坏！抗摔性能也很强！"

观众3："这个保温杯太牛了吧！"

主播："好了家人们，通过这些试验，你们应该都看出来了，我们××品牌的保温杯在保温、防漏、耐用等方面都比市面上的普通保温杯要好得多！所以呢，如果你想让你的饮品持久保温，就赶快下单吧！"

…………

⚠️ 【关键过错不要犯】

1. 主播做试验前一定要提前做好准备，了解掌握商品的实际保温、防漏水平，不能贸然采用自己没有把握的试验形式，防止出现意外或者失败。

2. 主播要注意试验结果的呈现过程，不要"假倒""假摔"，要自然流畅地展示商品的优点和特点，让观众感受到商品的真实性和可信性。

3. 主播要注意选择合适的试验对象和方式，不能用违反常理、不恰当的方法来进行试验，要符合日常生活中大家使用保温杯时可能遇到的情况。

2.1.3 情景12：用价值对比法留人

📺【痛点痒点这样抓】

1. 询问产品的对比价值：这些摆件有什么价值？有啥好比较的？

2. 质疑对比是否合理：对比有依据吗？你是不是随便找个东西来对比的？

3. 关注摆件效果：摆件能给家里带来什么变化？能看到摆件的实际效果吗？

某家居摆件品牌直播间正在售卖几款新款的家居摆件，主播小美邀请了两位设计师，分别用品牌的家居摆件和市面上的普通摆件，向观众对比展示两者的价值。直播间观众非常好奇，对主播不停地提问和评论，大家的提问基本与家居摆件的美观性、实用性、品质等内容有关。

🖥【应答问题这样想】

1. 观众询问产品的对比价值怎么办？

观众对主播对比的内容关注，说明在直播间进行产品对比可以吸引观众的兴趣，主播要利用对比的说服力不断提升开播的销量。

2. 观众质疑对比是否合理怎么办？

观众对主播的对比价值合理性非常关注，主播要及时回答观众的质疑，与观众互动，增加观众的信任感，提高观众的购买意愿。

3. 观众关注摆件效果怎么办？

关注摆件效果的观众一般对家居摆件的美观性和实用性非常重视，对家居摆件的摆放和使用有一定的期待，主播可以适当展示其他链接里的摆件效果图。

💬【互动催单这样讲】

1. 观众询问产品的对比价值怎么做？

主播："摆上家居摆件，你就是这个家里最有品位的人。我今天给大家看看咱家的和市面上的摆件价值，让大家感受下差距！"

观众1："这些摆件有什么价值？"

观众2："你说说有啥好比较的？"

主播："好好好，话不多说，主播现在给大家看看对比效果。我邀请了两位设计师，分别用我们××品牌的家居摆件和市面上的普通摆件，给大家看看两者之间的价值吧。你们先猜猜哪一位的家更有品位、更有氛围呢？"

观众3："当然是左边的啦！"

观众4："天呀，对比真的好明显！"

主播："好，那我们来看看具体的对比点吧。首先，我们来看看美观性对比。你们看左边的××品牌家居摆件，设计非常精致有创意，很符合现代简约的风格。而右边的普通摆件，设计比较普通，看着没有什么特色和个性。你们说是不是？"

观众5："是是是！"

主播："其次，我们来看看实用性对比。你们看左边的××品牌家居摆件，功能非常实用，可以用来收纳、照明、装饰等。而右边的普通摆件，只能摆在那里。你们说是不是？"

观众6："该说不说左边的确实有用一些！"

主播："最后，我们来看看品质对比。你们看左边的××品牌家居摆件，品质非常高，因为它是用优质的材料和工艺制作的，耐用、环保、安全。而右边的普通摆件，品质就差很多，容易损坏、变形。"

2. 观众质疑对比是否合理怎么做？

观众："对比有依据吗？你是不是随便找个东西来对比的？"

主播："对比绝对有依据，你们现在隔着屏幕没办法感受到好品质家居摆件和普通摆件的区别。我建议没试过的家人可以下单试试，试试不后悔、试试不失望，买回去一看便知咱们的对比真的超合理，不是主播故意夸张效果！"

3. 观众关注摆件效果怎么做？

观众1："摆件能给家里带来什么变化？"

主播："关于咱们左边这些家居摆件的效果图其实有很多，大家可以点开咱们购物车的4号链接里的商品详情，里边有很多图片都是咱家的其他款式摆件的效果，如果大家想看实物情况，可以在公屏上跟主播互动，主播待会让设计师给你们展示相关摆件的实际效果！"

观众2："我我我，我想看6号链接的效果！"

…………

⚠ 【关键过错不要犯】

1. 主播在进行对比的时候，不能过分夸赞自家售卖产品的价值或者诋毁竞对品牌的产品价值，避免引起观众的反感和质疑。

2. 主播要注意控制对比的角度和范围，不能一直进行对比而忽略了其他方面的内容和互动，要适时地转换话题和氛围。

3. 主播要注意选择合适的对比对象和方式，不要拿不相干或者不适宜的产品或者方法来进行对比，要客观公正地展示两者之间的价值差异和各自的优势。

▷▷ 2.2 用福利留人

2.2.1 定时抽奖发红包设计

定时抽奖发红包是一种利用观众的好奇心和期待感来增加直播间的人气和热度的方法。它可以让观众在直播过程中保持高度的关注和参与，同时也可以提高观众的购买意愿和满意度，从而提升直播间的销售效果和转化效率。

📖 【案例剖析】

假设你是一位家居、家电直播主播，你可以在直播开始前，通过各大社交媒体，预告你将在直播中进行定时抽奖发红包活动，奖品包括你直播的家居产品、家电产品的优惠券，还有现金红包，甚至还有实物大奖，让观众有充分的准备和期待。

直播开始后，你可以在直播的高潮或者尾声，设置抽奖时间，让观众有充分的留存和转化。你可以设置一些简单的抽奖条件，如关注你的直播间、分享你的直播间给好友、在评论区留下心得和建议，给你点赞等，这样观众就有资格参与抽奖了。

你可以设置一些有趣的抽奖方式，如转盘、摇骰子、猜数字等，让观众有紧张刺激的体验，同时也可以增加你和观众之间的互动。你可以随机抽取幸运的观众，送出你的奖品，同时也可以表达你对观众的感谢和祝福。

这样，你就可以利用定时抽奖发红包的设计，提高你的直播间的人气和热度，同时也可以提高你的直播间的销售效果和转化效率。

【实战演练】

主播："亲爱的观众朋友们，感谢大家的支持和陪伴，今天我为大家准备了一个超级大的惊喜，就是我们的定时抽奖发红包环节！"

观众："有点儿期待！"

主播："在这个环节，只要你满足以下的条件，就有机会抽奖获得我们的红包以及精美奖品，你们想不想要呀？"

观众："什么样的条件可以参与抽奖？"

主播："条件很简单，就是你要关注我们的直播间，分享我们的直播间给你的好友，在评论区留下你的心得和建议，还要持续给我们直播间点赞哦，这样你们的中奖率也会提高，咱家的抽奖条件是不是很容易满足呢？"

观众："抽奖时间是什么时候呢？"

主播："我们的抽奖时间是在直播的最后××分钟，也就是在××：××分的时候，我们会随机抽取幸运的观众，送出我们的红包及奖品，所以大家一定要锁定我们的直播间，不要走开哦，错过了就没有了哦！"

观众："那么你们的抽奖方式是什么？"

主播："我们的抽奖方式是用转盘来抽奖，大家可以看到，我们的转盘上有不同的奖品，有××元、××元、××元的现金红包，不仅如此，还有实物大奖，比如智能扫地机器人、电热毯、空气净化器等，你们最想要哪一个呢？"

　…………

观众："到点了，该抽奖了！"

主播："好了，我要开始转动转盘了，大家一起跟我数数（提醒观众互动），3，2，1，转！转！转！哇，恭喜××这位幸运的观众，你抽中了我们的××元大红包，这个红包会直接发到你的××平台账户里，你可以随便花，是不是很开心呢？"

📖【设计要点】

1. 抽奖时间要提前预告，让观众有充分的准备和期待。抽奖时间可以设置在直播的高潮或者尾声，以增加观众的留存和转化率。

主播可以通过不同社交媒体，或者直播间的公告、弹幕等方式，告知观众抽奖的时间点、奖品和规则，吸引观众的注意力和兴趣，让观众主动进入或者停留在直播间，增加直播间的流量和热度。

2. 抽奖规则要简单明了，让观众容易理解和参与。抽奖规则可以设置一些简单的条件，如关注、分享、评论、点赞等，以增加观众的参与度和互动度。

抽奖规则要在直播间的页面上清晰地展示出来，或者由主播在直播过程中多次重复和强调，让观众知道如何参与抽奖，避免观众疑惑和困惑，提高观众的期待感和满意度。

3. 奖品要有吸引力，让观众有足够的动力和兴趣。奖品可以是一些与直播内容相关的产品，如产品优惠券、现金红包、实物礼品等，以增加观众的购买意愿和满意度。

奖品要在直播间的页面上醒目地展示出来，或者由主播在直播过程中多次展示和介绍，让观众看到奖品的价值和实用性，激发观众的欲望和期待，提高观众的参与感和忠诚度。

4. 抽奖过程要有趣、刺激，让观众有紧张、刺激的体验。抽奖过程可以设置一些有趣的抽奖方式，如转盘、摇骰子、猜数字等，以增加观众的娱乐感和参与感。

抽奖过程要在直播间的页面上动态地展示出来，或者由主播在直播过程中配合声音和表情，让观众感受到抽奖的乐趣和紧张感，增加观众的互动频率，提高观众的满意度。

2.2.2　定时低价限量抢设计

定时低价限量抢是一种利用观众的心理刺激和紧迫感，来增加直播间的销售额和转化率的方法。它可以让观众在直播过程中抓住低价的机会，快速下单购买，同时也可以提高观众的复购率和忠诚度，从而提升直播间的收益和口碑。

📖【案例剖析】

假设你是一位小家电产品的直播主播，你可以在直播中介绍一款产品——××品牌的电热水壶时说："它是一款非常实用、安全、美观的水壶，平时的售价是××元。但是在今天，我给大家带来了一个惊喜，只要××元就可以买到一个，而且包邮，可以节省××元。"

但是，你要告诉观众，这个优惠是有限制的，只有在整点的时候购买，才能享受低价，而且只有××个的库存，先下单先得，一旦卖完，就没有了。你要告诉大家要抓紧时间，将产品加入购物车，不要错过这个好机会。

你还可以利用秒杀的方式，让观众有紧张刺激的体验，同时这样也可以提高你的直播间的销售额和转化率。

📖【实战演练】

主播："亲爱的观众朋友们，感谢大家的支持和陪伴，今天我为大家准备了一个超级大的惊喜，就是我们的秒杀环节！"

观众："有点儿期待！"

主播："只要你在整点的时候下单，就有机会抢到我们价格超低的精美商品，数量有限，你们想不想要呀？"

观众："什么样的商品可以抢？"

主播："我们的商品就是××品牌的电热水壶。这是一款非常实用、安全、美观的水壶，外观简洁大方。它的容量是××升，可以一次烧开很多水。它的功率是××瓦，可以快速烧开水。它还有防干烧的功能……"

观众："我要买！"

主播："好，那你就要到整点时赶快下单了，因为这款水壶平时的售价是××元，整点下单，只要××元就可以买到，而且包邮。你们听到了吗？只要××元，就能买到一款××品牌的电热水壶，多么划算啊！"

观众："真的吗？这么便宜？"

主播："当然是真的，你们可以看看我们的直播间页面的右下角，这里有我们的商品链接，××号链接，你们点进去，就能看到我们的商品，还有我们的优惠价格。"

观众："是啊，我要买！"

主播："那你就要赶快加入购物车了，因为这个优惠是有时间限制的，只有在整点的时候，才能享受这个低价，而且只有××个的库存，先下单先得，一旦卖完，就没有了，所以大家要准时抢购，不要错过这个好机会。现在距离整点还有××分钟，大家要准备好抢购哦！"

📖【设计要点】

1. 抢购时间要合理安排，让观众有充分的准备时间和机会，可以设置在直播的开始或者中间，以增加观众的观看率和留存率。

抢购时间的安排要考虑观众的生活习惯和消费心理，选择合适的时间段，吸引观众的注意力和兴趣。

抢购时间的长度要适中，既不能太长，让观众失去紧迫感，也不能太短，让观众来不及参与，要保持观众的期待感和刺激感。

2. 抢购规则要公平透明，让观众有公平竞争的机会，可以设置一些公平的规则，如先到先得、限购数量、限时支付等，以增加观众的信任感和公平感。

抢购规则的制定要考虑观众的需求和喜好，选择合适的规则，如按照观众的购买顺序、购买数量、购买时间等分配商品和优惠，让观众感受到公平和尊重。

抢购规则的公布要考虑观众的知情权和参与感，选择合适的方式，如在直播间的标题、介绍、屏幕等，明确告知观众规则的内容和细节，让观众清楚了解和遵守。

3. 抢购商品要有品质保障，让观众有放心购买的信心，可以设置一些有品质保障的商品，以增加观众的满意度和忠诚度。

抢购商品的选择要考虑观众的需求和喜好，选择合适的商品，如符合观众的年龄、性别、风格等，满足观众的实用性和审美需求。

抢购商品的展示要考虑观众的信任性和认可性，选择合适的方式，如在直播间的视频、图片、文字中展示商品的品牌、功能、效果等，让观众看到商品的品质和价值。

4. 抢购氛围要热闹活跃，让观众有参与抢购的热情，可以设置一些热闹活跃的氛围，如倒计时、实时数据、互动弹幕等，以增加观众的激情和氛围感。

抢购氛围的营造要考虑观众的情绪和心理，选择合适的氛围，如紧张的、刺激的、欢乐的等，激发观众的积极性和兴趣。

抢购氛围的维持要考虑观众的参与和互动方式，选择合适的方式与观众沟通和互动，让观众感受到直播间的热度和活力。

2.2.3　定时发放代金券设计

定时发放代金券是一种常见的直播促销手段。它的目的是通过设置不同的发放时间和条件，吸引观众关注和参与直播，进而增加观众的购买意愿和转化率。

📖【案例剖析】

假设你是一位家居产品、家电产品的直播主播，你可以在直播开始前，通过各大社交媒体和通信渠道，向观众推送直播预告，并提前告知观众在直播中将有不同批次的代金券发放，鼓励观众提前收藏和关注直播间。

在直播开始后，你可以根据直播的进程和内容，分别在不同的时间点，向观众发放不同面额和使用范围的代金券，引导观众留在直播间，观看更多的产品介绍，并激发观众的购买欲望。

在直播结束前，你可以向观众发放最后一批代金券，设置较短的有效期和较低的使用门槛，促使观众立即下单，避免观众流失和购物车冷却。

📖 【实战演练】

主播："在我的直播间，你不仅可以看到各种高品质的家电产品，还可以享受各种优惠活动，比如领取定时发放的代金券，让你买得更划算。那么，我们的代金券是怎么发放的呢？"

主播："很简单，只要你关注并收藏我的直播间，并且密切关注我的直播，就不会错过哦！我们每个整点都会发放一批代金券，每批代金券的面额和使用范围都不一样。那么，我们的第一批代金券马上要发放了，这是一批××元无门槛代金券，数量有限，先到先得，快来领取吧。"

观众："我也要领，我也要领，小花主播太大方了。"

观众："我已经领到了，谢谢小花主播。"

主播："好了，第一批代金券已经发放完毕，恭喜领到的小伙伴，你们可以随时使用这些代金券购买我们直播间的产品。接下来，我要为大家介绍一些家电产品，这些产品都是我亲自挑选的，不但品质有保障，而且价格实惠，你们一定会喜欢的。我们的第二批代金券将会在××点发放，这是一批满××元使用的代金券，大家一定要蹲守好直播间，不要错过呀。"

观众："那我坐等晚上××点了。"

…………

主播："好了，第二批代金券已经发放完毕，恭喜领到的小伙伴，我们的直播就要结束了，感谢大家的观看和支持。如果你还有什么想买的产品，或者有什么想问的问题，抓紧时间与我互动。马上就到××点，我们的最后一批代金券要开始发放了，这是一批××元无门槛代金券，可以用于购买直播间里的任何产品，但是只有10分钟的有效期，要下单的要抓紧时间下单，不然就会错过这次的优惠啦！"

【设计要点】

1. 发放代金券的时间要灵活多变，让观众有不断的惊喜和期待，可以设置在直播的任意时间，以增加观众的观看频次和时长。

例如，你可以在直播开始前、中间或即将结束时，随机选择一个时间点，向观众发放优惠券，让他们保持关注和参与。你也可以根据直播的主题、节奏和氛围，灵活调整发放时间，创造更多的悬念和吸引力。

2. 发放规则要灵活多样，让观众有多种的选择和使用，可以设置一些灵活多样的规则，如满减、折扣、免单等，以增加观众的使用率和使用效果。

例如，你可以根据不同的商品、价格和库存，设置不同的优惠券规则，让观众有更多的购买动机和优惠感受。你也可以根据不同的观众、场景和需求，设置不同的优惠券使用条件，让观众有更多的使用机会和使用价值。

3. 发放对象要广泛覆盖，让观众有多层的受益和分享，可以设置一些广泛覆盖的对象，如新老观众、分享观众、转介绍观众等，以增加观众的覆盖率和分享率。

例如，你可以对新关注的观众、首次购买的观众、累计购买达到一定金额的观众等，发放不同额度的优惠券，让他们有更多的认可感和忠诚感。

你也可以对分享直播的观众、邀请好友观看直播的观众、为直播提供反馈和建议的观众等，发放不同类型的优惠券，让他们有更多的参与感。

4. 发放方式要有趣有创意，让观众有有趣的体验和互动，可以设置一些有趣有创意的方式，如答题、抢答、砍价等，以增加观众的体验感和互动感。

例如，你可以通过设置一些与直播内容相关的问题，让观众通过答题的方式获得优惠券，让他们对产品有更多的学习和记忆。你也可以设置一些与直播时间相关的限制，让观众通过抢答的方式获得优惠券，让他们有更多的紧张感和刺激感。

你还可以设置一些与直播商品相关的砍价目标，让观众通过砍价的方式获得优惠券，让他们有更多的合作和互助的机会。

▷▷ 2.3　用事实留人

2.3.1　问题举例留人法

方法一：你知道吗？

家人们，你知道吗？这款××摆件不仅可以摆在家里当作装饰，还能作为收纳盒放置一些不常用的小物品。你想知道它是怎么做到的吗？那就继续关注我们的直播，我马上就给你揭晓答案！

方法二：你猜猜看？

家人们，你猜猜看？这款××电锅的功能有多强大？它不仅能蒸煮食物，还能煎炒、烧烤等。你觉得它的价格会有多贵？其实，你完全猜不到，因为我们今天有一个超级大的惊喜，只要在直播间下单，就能享受超低的折扣，你想知道具体是多少吗？那就赶快锁定我们的直播间，不要错过这个难得的机会！

方法三：你相信吗？

家人们，你相信吗？这款××窗帘能让你的房间变得更加明亮、更加温馨、更加有氛围，你是不是觉得这太夸张了？这款窗帘采用了××材质，它能有效地遮挡紫外线，同时能透过柔和的光线，营造出舒适的空间氛围，你想不想试试看呢？那就快来参与我们的直播互动，只要回答正确我提出的问题，就有机会获得我们的免费试用装。你还等什么，快来加入我们吧！

方法四：你敢不敢？

家人们，这款××沙发的颜色有多鲜艳、有多时尚、有多适合你，你敢不敢亲自试一试? 这款沙发是经过专业的测试和认证的, 它不含任何有害的化学物质, 而且很有弹性, 让你坐起来更加舒适。你想不想拥有这样的沙发呢?

方法五: 你喜欢吗?

家人们, 这款××灯具的设计有多精美、有多独特、有多适合你、你喜欢吗? 它是由××品牌的设计师亲自设计的, 灵感来源于×××。它的材质是×××, 它的工艺是×××, 它的意义是×××。你想不想了解更多的细节呢? 那就继续关注我们的直播, 我会为你详细介绍这款灯具的特点和优势。

2.3.2 痛点共鸣留人法

方法一: 你有没有遇到过这样的问题?

家人们, 当你的家里总是乱糟糟的, 东西没有地方放时, 你是不是很苦恼? 你是不是想要一个整洁的家, 一个有序的家, 一个舒适的家? 那就快来看看我们的××收纳柜吧, 它能帮你解决你的收纳问题, 让你的家变得井井有条, 让你的生活变得轻松愉快!

方法二: 你是不是经常有这样的烦恼?

家人们, 你是不是经常担心你的家里有异味、有灰尘、有细菌? 你是不是想要一个清新的家, 一个健康的家, 一个安全的家? 那就赶紧来购买我们的××空气净化器吧, 它能帮你有效地净化空气, 消除异味, 让你的家变得干净卫生!

方法三: 你是不是曾经有过这样的遗憾?

家人们, 你是不是曾经有过这样的遗憾? 家里的灯光太暗、太刺眼、太单调? 你是不是想要一个明亮的家, 一个舒适的家, 一个有趣的家? 那就快来选购我们的××灯具吧, 它能帮你调节灯光, 适应场景, 创造氛围, 让你的家变得温馨浪漫, 让你的心情变得愉悦开心!

方法四: 你是不是常常有这样的不满?

家人们, 你家里的家具太旧、太破、太不合适, 你是不是很难受? 你是不是想要一个新的家, 一个美的家, 一个适合你的家? 那就快来看看我们的××家具吧，它能帮你更新换代，提升品位，满足需求，让你的家变得时尚大气，让你的生活变得高贵优雅！

方法五：你是不是经常有这样的烦恼？

家人们，你是不是经常有这样的烦恼？你家里的电器太多、太复杂、太难用，你是不是很头疼？你是不是想要一个简单的家、一个智能的家、一个省心的家？那就赶快来安装我们的××智能家居系统吧，它能帮你集成控制，语音操作，远程监控，让你的家变得智能省心，让你的生活变得轻松自在！

2.3.3 数据对比留人法

方法一：相比之下，你会选择哪一个？

家人们，相比之下，你会选择哪一个？这款××电热水壶烧开一壶水需要10分钟，而这款××电热水壶只需要5分钟，而且有保温功能，你会选择哪一个呢？其实，对比是很明显的，而且今天我们还有特别的优惠，只要在直播间下单，就能享受6折的优惠，还有更多的礼品等你来拿！

方法二：你看看这个数据，你还有什么疑问吗？

家人们，你看看这个数据，你还有什么疑问吗？这款××空气净化器的净化效率是××%，而市面上的其他品牌的净化效率达不到××%。因为这款空气净化器采用了×××技术，它能有效地去除空气中的灰尘、花粉、细菌等，让你的家变得更干净卫生！

方法三：你相信眼见为实，还是相信数据为王？

家人们，你相信眼见为实，还是相信数据为王？这款××沙发的颜色和款式看起来很漂亮，但是它的舒适度和耐用度却很差，你相信吗？因为这款沙发的弹性和柔软度都没有达到正常标准，而且经过了×××次的耐磨测试，它的表面已经出现了破损和褪色。那么，你为什么不选择我们的××沙发呢？它的颜色和款式也很时尚，而且它的舒适度和耐用度都很高，它的材料和工艺都很优良，它的弹性和柔软度都已达标，而且经过了×××次的耐磨测试，它的表面还是如新的一样!

方法四:你比较一下,你觉得哪个更好?

家人们,你比较一下,你觉得哪个更好?这款××电风扇的风力是×级,而这款××电风扇的风力是×级,你觉得哪个更好呢?这款××电风扇的风力不仅更强,而且更安静、更省电、更耐用,你觉得哪个更好呢?

方法五:你仔细看看这个数据对比,哪个更好?

家人们,你仔细看看这个数据对比?已经过了五个小时了,这款××电热毯的温度还保持在××度,而这款××电热毯的温度并不稳定,你看看这个对比,你还有什么好说的?其实,这是真的,因为这款××电热毯采用了×××技术,它能让你的睡得更加安全、更加温暖、更加舒适。

2.3.4 权威认证留人法

方法一:权威机构认证

家人们,这款智能马桶盖是我们今天的主推产品。它不仅有多种功能,还有一个独特的优势,就是它通过了国家权威机构的认证,从而证实了它的可靠的品质和安全性。你们看,这是它的认证证书,上面有机构的印章和编号。这样的产品,你们还等什么呢?赶紧下单吧,数量有限,先到先得!

方法二:专家团队推荐

家人们,这款记忆棉枕头是我们今天的特价产品,它的材料和工艺都是一流的,而且它还有一个非常牛的背景,就是它是由国内知名的睡眠专家团队推荐的。他们经过多年的研究和实验,证明了这款枕头可以有效改善睡眠质量。你们看,这是他们的推荐信,上面有他们的签名和照片,这是你们信得过的权威。这样的产品,你们还犹豫什么呢?赶快下单吧,今天只卖××元,错过就没有了!

方法三：明星代言

家人们，这款沙发是我们今天的爆款产品，它的设计和质感都是超级棒的，而且有一个超级大的卖点，就是它是由国内知名的明星××代言的，他就是用的这款沙发，你们看，这是他的代言照片，上面有他的亲笔签名！赶快下单吧，今天只要×××元，还送价值××元的精美礼品，机会难得，不要错过！

方法四：国际品牌合作

家人们，这款地毯是我们今天的限量产品，它的颜色和图案都非常美观，而且它还有一个非常厉害的背景，就是它是由我们和国际知名的家居品牌×××合作推出的。它家是家居界的领导者，它家的产品都是高品质的，而且获得过很多国际大奖。你们看，这是我们的合作协议，上面有双方的商标和签章！这样的产品，你们还不赶紧下单吗？数量只有××件，先下单先得到！

方法五：权威媒体报道

家人们，这款窗帘是我们今天的新品，它的功能非常先进，而且它还有一个非常强大的支持，就是它被国内最权威的家居媒体×××报道过，他们是家居界的专业人士，他们对我们的产品给予了高度的评价和大力的推荐。你们看，这是他们的报道文章，今天只要×××元，还包邮，绝对物超所值！

2.3.5 专利奖项留人法

方法一：拥有多项专利

家人们，这款智能灯泡是我们今天推荐的新品，它不仅可以通过手机控制开关和亮度，还可以根据你的操作变换颜色和模式，让你的生活更加方便和多彩。而且，这款灯泡还拥有多项专利，包括外观设计专利、实用新型专利和发明专利，证明了它的创新性和独特性。你们看，这是它的专利证书，上面有专利号和专利权人等信息。

方法二：获得国家奖项

家人们，这款电热毯是我们今天的特惠产品。它的材质和功能都是非常优秀的，而且它还有一个非常骄傲的成就，就是它获得了国家科学技术进步奖，这是国家对科技创新的最高荣誉，只有少数的优秀产品才能得到这样的认可。

方法三：通过国际认证

家人们，这款空气净化器是我们今天的爆款产品，它的效果和品质都是非常出色的，而且它还有一个非常强大的保障，就是它通过了国际权威机构的认证，比如欧洲××认证、美国×认证和日本×认证，这证明了它的安全性和可靠性。你们看，这是它的认证证书，上面有机构的名称和标志，这是你们信得过的质量。

方法四：获得专利金奖

家人们，这款榨汁机是我们今天的限量产品，它的设计和性能都是非常先进的，而且它还有一个非常了不起的成绩，就是它在国际专利展览会上获得了专利金奖，这是专利界非常高的奖项，只有具备创新力和实用性的专利才能获得这样的荣誉。你们看，这是它的金奖奖牌，上面有展览会的名称和日期。

方法五：获得专利授权

家人们，这款电动牙刷是我们今天的新品，它的功能和效果都是非常棒的，而且它还获得了国家知识产权局的专利授权，这意味着市场上不允许有任何的仿冒劣质品。你们看，这是它的专利证书，上面有专利局的印章和编号等，可以看到这是官方出具的真实证件！

⏩ 2.4　留人吸粉经典语句

2.4.1　产品留人经典语句

📖【经典语句1】

你还在为热水不够用而烦恼吗？你还在为洗澡时水温不稳而抓狂吗？你还在为水电费太高而心疼吗？那就赶快换上我们的××热水器吧，智能调节，节能省钱，让你享受舒适的沐浴时光！

📖【经典语句2】

想要让你的音乐更加动听震撼吗？想要让你的电视更加清晰流畅吗？想要让你的影音体验更加丰富多彩吗？那就赶紧来购买我们的××音响吧，高保真音质，高清画面，让你的影音娱乐更加精彩！

📖【经典语句3】

用过××的都说好，它是你的智能助手，它是你的高效工具，它能给你带来有品质的生活！快来选购我们的××吧，让科技见证你的进步！

2.4.2　福利留人经典语句

📖【经典语句1】

品质是产品的，但不贵！优惠是直播间的，还真多！惊喜是家人们的，你要不要！快来抢购我们的××家具吧，舒适耐用，全场5折，还有更多的礼品等你来拿！

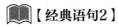
📖【经典语句2】

六六大顺，好事连连。今天××家电器，高效节能款一律6折，只要6折！只有6折！

📖【经典语句3】

快来看看我们的××家居品牌直播间吧，这里有你想要的一切家居用品，从沙发到床，从桌子到椅子，从灯具到窗帘，应有尽有，而且有超低的价格、超高的质量、超好的服务。你还在等什么，赶紧行动吧！

2.4.3 事实留人经典语句

📖【经典语句1】

你想要拥有一个温馨舒适的家吗？你想要摆脱杂乱无章的环境吗？你想要让你的家居风格更加时尚、有个性吗？那你就来对地方啦。快来试试我们的××收纳箱吧！整理收纳，节省空间，让你的家焕然一新！持续观看直播，主播给你惊喜！

📖【经典语句2】

你是不是厌倦了每天的打扫？你是不是担心灰尘对家具有害？你是不是想要拥有清新无尘的家居环境？那就赶快试试我们的××吸尘器吧！强力吸尘，除菌消毒，让你的家居环境更干净！

📖【经典语句3】

你的家是你的温馨港湾，你的家具是你的治愈良药，你的家居装饰是你的情感表达。你想要拥有温馨舒适又时尚有个性的家吗？持续在××家居店观看直播吧，惊喜多多，在线等你！

第 3 章

产品介绍该怎么讲

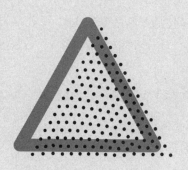

▷▷ 3.1 产品介绍

3.1.1 情景13：刚上市的新品介绍怎么讲

【新品上市介绍要点】

1. 确定介绍的目的和对象：根据不同的场合和受众，选择合适的介绍的目的和对象。

比如，如果是向潜在观众展示自己的新品，那么介绍的目的就是吸引观众的注意，引发观众的好奇，对比的对象就是市场上的其他产品。

如果是向老观众推荐自己的新品，那么介绍的目的就是提升观众的忠诚度，提高观众的满意度，对比的对象就是自己的旧品或者升级版产品。

2. 选择介绍的内容和顺序：根据介绍的目的和对象，选择合适的介绍内容和顺序。

比如，如果是向潜在观众展示自己的新品，那么介绍的内容可以包括产品的名称、定位、功能、特色、优势、价格、活动等，介绍的顺序可以是先吸引观众的眼球，再展示产品的亮点，最后促进观众的购买。

如果是向老观众推荐自己的新品，那么介绍的内容可以包括产品的升级点、改进点、优惠点等，介绍的顺序可以是先感谢观众的支持，再说明产品的进步，最后向观众提供福利。

3. 采用合适的设计手法和表达方式：根据介绍的内容和顺序，采用合适的设计手法和表达方式来呈现介绍的效果。

比如，如果是介绍产品的名称、定位、功能，可以用简洁、明了、有力的文字，配合产品的图片、视频、图形等元素，来展示产品的外观、内涵、用途。

如果是介绍产品的特色、优势、价格、活动等，可以用鲜明、有趣、有感的文字，配合产品的数据、证书、案例、评论等，来展示产品的品质、效果、价值、吸引力。

📖【经典案例参考】

主播："大家好，欢迎来到直播间，我是主播小智。今天我要给大家带来一款全新的智能空气净化器。它可以让你的生活环境更清新、更健康、更舒适。"

观众1："今天有新品啊！"

主播："这款空气净化器是一款智能、高效、安静的空气净化器，它可以适应不同的空气质量和环境，自动调节最佳的净化模式，让你呼吸到新鲜的空气。"

观众2："听上去还不错。"

主播："××空气净化器有哪些功能和特色呢？让我们一起来看看吧。首先，它有一个智能传感器，可以实时监测空气质量，并显示在屏幕上，方便你查看。当空气质量变差时，它会自动调节风速和模式，实现最佳的净化效果。"

主播："其次，它采用了高效的××技术和活性炭滤网，可以去除××%的PM2.5、甲醛、花粉等，让你呼吸更干净的空气。再次，它拥有超低的噪声水平，只有××分贝，不会影响你的休息和生活。"

主播："一般的空气净化器需要你手动调节风速和模式，而××空气净化器可以根据空气质量自动调节，让你省心、省力。而且，它还可以通过语音或者手机来控制，让你使用起来更方便。"

主播："一般的空气净化器的价格都在××××元以上，××空气净化器的原价是××××元。今天在直播间有特别的优惠，只要×××元，你就可以带走一台××空气净化器，我们还送你一份精美的礼品。这样的好事，你怎么能错过呢？"

…………

3.1.2　情景14：两个产品对比介绍怎么讲

【产品对比介绍要点】

1. 对比产品名称：清楚地告诉观众产品的品牌、型号、功能、规格等信息，让观众知道自己在看什么。

2. 对比适用人群：根据产品的特点，描述产品适合什么样的观众，比如家庭情况、生活习惯、喜好风格等，让观众感受到产品的贴合度。

3. 对比产品卖点：突出产品的优势，比如材质、工艺、设计、性能、服务等，用数据、证书、案例等方式来证明产品的品质，让观众信服。

4. 对比产品数据：用对比表、图表、视频等方式来展示两个产品的差异，让观众一目了然，同时用话语引导观众选择更优的产品，让观众下定决心。

【经典案例参考】

主播："今天我要给大家介绍的是两款超级舒适的沙发，分别是A款三人位沙发和B款四人位沙发。这两款沙发都是我们店里的热销产品，非常适合家庭使用，让你的客厅更加温馨、舒适。接下来，我就要给大家详细地对比这两款沙发的优缺点，让大家更好地选择自己喜欢的沙发。"

观众1："可以。"

主播："首先，我们来看一下A款三人位沙发。这款沙发的尺寸是×.×米，可以容纳三个成年人，非常适合小户型的家庭。这款沙发的面料是高档的三防面料，具有防水、防污、防油的功能，非常耐用，易于清洁。"

主播："这款沙发的海绵是高密度的记忆海绵，可以根据人体的曲线进行调整，给你最舒适的坐感，让你的腰部、背部、臀部都得到充分的支撑。整体颜色是淡灰色，非常百搭，可以和任何风格的家具搭配，让你的客厅更加时尚、大气。"

主播："然后，我们来看一下B款四人位沙发。这款沙发的尺寸比三人位的大，可以容纳四个成年人，非常适合大户型的家庭。这款沙发的面料是进口的真皮面料，看上去高贵、豪华、有质感，非常适合喜欢高端、奢华风格的观众。"

主播："这款沙发的海绵是低密度的弹簧海绵，可以给你非常柔软的坐感。整体颜色是深棕色，非常有质感，可以和欧式、美式等风格的家具搭配，让你的客厅看上去更加高档、气派。"

观众2："看着都还不错，怎么选呢？"

主播："那么，这两款沙发到底哪一款更适合你呢？如果你喜欢小巧、实用、舒适、时尚的沙发，那么A款三人位沙发就是你的不二之选。如果你喜欢大气、奢华、柔软、有质感的沙发，那么B款四人位沙发就是你的最佳选择。"

观众3："价格对比下呢？"

主播："当然，无论你选择哪一款沙发，今天都是你超级幸运的一天，因为我们的直播间有一个超级大的优惠活动，只要你在直播结束前下单，就可以享受我们的直播专属价格。"

主播："A款三人位沙发原价××××元，现在只要×××元，省了×××元。B款四人位沙发原价××××元，现在只要××××元，省了×××元。这样的价格难得一见，错过了就没有了！"

…………

3.1.3　情景15：现场边试验边介绍怎么讲

📖【现场试验介绍要点】

1. 介绍试验目的：明确地告诉观众试验的目的，验证产品的功能、性能、品质、安全性等，让观众感受到产品的可靠性和专业性。

2. 介绍试验过程：详细地描述试验的步骤、方法、工具、参数等，让观众清楚地看到试验的全貌，同时注意控制试验的时间，避免过长或过短，使观众的注意力集中。

3. 介绍试验结果：及时地展示试验的结果，用数据、图像、视频等来证明产品的优势，让观众信服，同时向观众解释试验结果的意义，强调产品的卖点。

【经典案例参考】

主播："接下来，我就要给大家边试验边介绍这款智能热水壶的优点，让大家看看它到底有多好。下面我来到了我们的实验区域，这里我们准备了一些试验道具，有水、温度计、手机、定时器等。"

主播："我们要用这些东西来测试我们的热水壶好用不好用。大家准备好了吗？那么，让我们开始吧！"

观众1："期待！"

主播："首先，我们来看一下这款智能热水壶的功能，它不仅具备基本的烧水功能，还有保温、定时、可远程控制、可语音控制等多种高级功能，让你随时随地都可以享用热水。"

主播："这款智能热水壶的容量是×升，非常适合家庭使用。这款智能热水壶的外观非常简洁、大方，可以和任何风格的厨房搭配，让你的厨房更加美观、整洁。"

观众2："听上去这么厉害呢！"

主播："我们来做一个试验，看看它的性能如何。我们先把水倒进热水壶里，然后用温度计测量一下水的温度，大家可以看到，现在水的温度是××℃，然后我们用手机连接热水壶，设置水温为××℃，并开始烧水。"

主播："大家可以看到，热水壶的屏幕上显示了水温和烧水进度，非常清晰、方便。我们用定时器记录一下烧水的时间，看看它需要多久才能烧开水。大家可以看到，热水壶只用了×分钟，就把水烧开了，非常快速、高效。"

主播："我们再用温度计测量一下水的温度，大家可以看到，现在水的温度是××℃，正好符合我们的设置。"

观众3："真的好快！"

主播："好了，通过我们的现场试验，大家应该已经对智能热水壶有了一个全面的了解。这款热水壶的表现非常出色，非常适合家庭使用，让你的生活更加方便，需要的赶快下单吧！"

…………

3.1.4 情景16：产品的缺点和劣势怎么讲

📖【缺点、劣势介绍要点】

1. 介绍产品缺点：诚实地告诉观众产品的不足之处，比如成本、维修、安装、使用限制等，让观众感受到产品的真实性，避免虚假宣传。

2. 介绍缺点原因：解释产品缺点的产生原因，比如技术、市场、供应链、政策等，让观众理解产品的背景，避免误解、埋怨。

3. 介绍缺点补偿：用补偿方式，比如送赠品、送优惠券、延长保修、免费安装等，来弥补产品的缺点，让观众感受到店铺的诚意。

📖【经典案例参考】

主播："家人们今天我要给大家介绍一款超级实用的智能扫地机器人。这款扫地机器人是我们店里的爆款产品，非常适合忙碌的上班族，它能让你的家里保持干净、整洁。接下来，我就要给大家详细地介绍一下这款扫地机器人的优点和缺点，让大家更好地了解这款产品，做出明智的选择。"

观众1："主播今天居然还说缺点呢？"

主播："首先，这款扫地机器人的优点是它有一个智能导航系统，可以自动规划清扫路线，避免重复或遗漏，提高清扫效率。这款扫地机器人还有强劲的吸力，可以吸走地面上的灰尘、毛发、碎屑等，让你的地面干净如新。"

主播："这款扫地机器人还有智能充电功能，可以在电量低的时候自动回到充电座，充满电后再继续清扫，非常省心。"

观众2："赶快说缺点吧！"

主播："接下来，我给大家说说缺点。缺点是它的价格比较高，比×号链接的扫地机器人贵了××元，这样就会增加你的购买成本。因为这款扫地机器人的材料和技术都是进口的，所以成本也比较高。"

观众3："贵了好多呀！"

主播："虽然你要多花一些钱，但是你也能享受品质更高、功能更多、更智能的扫地机器人。而且，为了弥补这个缺点，我们还为你准备了一个超级大的补偿，那就是如果你在直播结束前下单，我们还会赠送你一份价值××元的智能家居套装，包括智能灯泡、智能插座等，让你的家里更加智能、便捷，让你的生活更加美好！"

…………

3.1.5 情景17：产品的奖项和证书怎么讲

📖【奖项、证书介绍要点】

1. 介绍奖项和证书的时候，要突出产品的创新性、实用性、安全性和环保性，以及奖项的权威性和公正性，让观众感受到产品的优势和价值。

2. 介绍奖项和证书的时候，要结合产品的具体功能和特点，用生动的语言和案例来说明产品的优异表现和使用者的满意度，让观众产生共鸣和认同感。

3. 介绍奖项和证书的时候，要注意控制时间和节奏，避免过多的细节和重复，保持观众的注意力和兴趣，适时引导观众进行互动和下单。

📖【经典案例参考】

主播："马上给大家介绍的这款电饭煲的名字叫作××。它是一款智能、多功能、省时的电饭煲。它可以根据你选择的不同的米，自动适配最佳的烹饪程序，无论是白米饭、糙米饭，还是八宝饭，它都能帮你煮出香喷喷的味道。"

观众1："正好家里缺电饭煲了。"

观众2："没听说过这个牌子呀！"

主播："没听说过咱家牌子的不要紧，咱家已经是××多年的老品牌了，咱们的广告宣传做得少，费用都在研发技术和产品上了！"

主播："××电饭煲不仅功能强大，品质优良，还获得了多项奖项和证书。它获得了×××年度中国家用电器协会的"××××××奖"，这是家电行业的非常高的荣誉，证明了它的品质和创新。"

主播："其次，它通过了国家××检验中心的严格测试，获得了国家××认证，保证了它的安全性和可靠性。而且它还获得了××消费者协会的推荐，得到了广大消费者的好评和信赖。"

观众3："这么多奖项和证书啊！"

主播："亲爱的观众们，你还在犹豫什么呢？赶快行动吧，××电饭煲的优惠活动只有××分钟，只有××台，先到先得，错过就没有了。而且，只要你在直播间下单，就有机会参与抽奖，赢取精美的礼品，这样的好事，你怎么能错过呢？"

…………

3.1.6 情景18：产品的独特性怎么讲

📖【独特性介绍要点】

1. 介绍产品特色：明确地告诉观众产品有什么独特和独有的功能、特点、效果等，让观众感受到产品的与众不同。

2. 介绍产品来源：介绍产品的设计理念、制作工艺、原材料、专利技术等，让观众了解产品的背景和价值，增加产品的可靠性和权威性。

3. 介绍产品效果：展示产品的实际使用效果，比如通过视频、图片、数据、评价等，让观众看到产品的实力和优势，激发观众的购买欲望。

4. 介绍产品优势：总结产品的独有优势，比如节能、环保、智能、舒适、美观等，让观众认识到产品的综合优势，提高产品的竞争力和吸引力。

📖【经典案例参考】

主播："亲爱的观众朋友们，欢迎来到我们的直播间。今天我要给大家带来的是一款让你惊艳的家居产品，那就是我们的智能窗帘！这款智能窗帘有哪些独特和独有的功能呢？让我们一起来看看吧！"

观众1："我倒要看看有多智能呢？"

主播："首先，这款智能窗帘可以通过手机、语音、遥控器等方式远程控制，你可以随时随地调节窗帘的开合，让你的居室环境更加舒适、节能。"

主播："你可以根据您的需求，设置不同的窗帘模式，比如起床模式、睡眠模式、影音模式等，让你的窗帘根据你的生活习惯自动变换。"

观众2："现在连窗帘都设计得这么独特了。"

主播："这款智能窗帘是由我们公司和国际知名的智能家居公司联合开发的，经过了多年的研究和测试，获得了多项国际专利和认证。这款智能窗帘的设计理念也非常人性化，采用了简约、时尚的风格。"

观众3："厉害啊！"

主播："我这里有一段视频，是我们店的一位客户拍摄的。他特别喜欢我们为他私人定制的窗帘。他在家里安装了这款智能窗帘后非常满意，还给我们留下了五星好评。大家可以看一下视频中的窗帘效果，是不是非常惊艳呢？"

…………

▷▷ 3.2 使用介绍

3.2.1 现场演示法

方法一：对比演示法

家人们，你们看这两个枕头，看起来都差不多吧？但是，你们知道它们的区别吗？一款是普通的棉花枕头，另一款是我们今天的主推产品，是××品牌的记忆棉枕头。我现在用手按一下，你们看，普通的棉花枕头很快就恢复了原状，但是记忆棉枕头却能保持手按压后的形状。这就是记忆棉的特点，它能根据你的头部和颈部的曲线，给你最舒适的支撑，让你睡得更好。

方法二：效果演示法

家人们，你们有没有遇到过这样的情况，家里的地毯总是很难清洁，吸尘器吸不干净，拖把拖不干净，甚至还会留下水渍和异味？如果你有这样的困扰，那么你一定要看看我们今天的神器，××品牌的蒸汽清洁机。

这是一款专业的地毯清洁机，它可以通过高温蒸汽，杀死地毯上的细菌和螨虫，同时还可以溶解顽固的污渍和油垢，让你的地毯恢复原来的光泽和柔软。我现在就给大家演示一下。你们看，这是一块很脏的地毯，上面有咖啡渍、油渍，还有一些头发和灰尘。我现在用蒸汽清洁机在上面来回扫几下，你们看，是不是很神奇？地毯上的污渍和杂物都被清除了，而且没有水渍，地毯也变得很干爽，摸起来很舒服。

方法三：情景演示法

家人们，你们有没有想过，如果你的家里有一台智能投影仪，你的生活会变得多么有趣呢？你可以在客厅看大屏幕的电影，你可以在卧室看床头的小说，你可以在厨房看菜谱，你可以在阳台看风景，你甚至可以在浴室看美容教程。只要你想，你就可以在任何地方、任何角度投影出你想看的内容。

这就是我们今天要给大家介绍的产品，××品牌的智能投影仪。这是一款超轻超小的便携式投影仪，它可以通过无线连接你的手机、平板电脑、台式电脑等设备，让你随时随地享受大屏幕的视觉体验。它还有自动对焦、自动校正、自动旋转等功能，让你无须任何调试，就可以得到清晰、稳定、适合的画面。

我现在就给大家演示一下。你们看，我把投影仪放在这里，然后用手机打开一个视频，你们看，是不是很清楚、很流畅、很震撼呢？这就是智能投影仪的魅力。你们是不是很想拥有呢？

方法四：互动演示法

家人们，你们有没有听说过这款××品牌的智能音箱？它是一款可以通过语音控制的智能设备。它可以帮你做很多事情，比如播放音乐、查询天气、设置闹钟、控制智能家居等。它还有一个很特别的功能，就是可以和你聊天，陪你解闷，增加你的乐趣。

你们不信吗？那么，我现在就邀请一位助理上台，和这款智能音箱进行一次互动，让大家看看它的智能化程度。小姐姐，请你对着这款智能音箱说一句话，看看它会怎么回答你。你可以说任何你想说的话，不用拘束。

…………

方法五：创意演示法

家人们，你们看这个东西，你们知道它是什么吗？它看起来像一个小盒子，但是它其实是一个万能的创意工具，它可以让你的家居生活变得更有趣，更有创意。这就是我们今天要给大家推荐的产品，××品牌的创意工具盒。

这个创意盒子里面有各种各样的小零件，比如木头、铁丝、胶水、彩色纸、贴纸、针线等。咱们家庭日常所需的一些工具物品都可以在这个盒子里边轻松找到。

3.2.2　视频播放法

方法一：播放展示功能

家人们，这款电动按摩椅是我们今天的重磅推荐，它不仅可以让你在家享受专业的按摩服务，还可以根据你的身体状况和喜好，调节不同的模式和强度。你看，我现在就坐在这款按摩椅上，我感觉非常舒服。它可以按摩我的颈部、肩部、背部、腰部、臀部、大腿、小腿，甚至脚底。它还有加热功能，可以促进血液循环，缓解疲劳。你们看这个视频，就可以看到它的各种功能和效果，真的是太棒了！

方法二：播放展示细节

家人们，这款实木餐桌是我们今天的特价商品。它的材质是纯天然的橡木，非常坚固耐用，而且有天然的木纹，非常美观。你们看这个视频，就可以看到它的细节，比如它的桌面、边缘、腿，都是非常精致的。它的尺寸也很合适，可以容纳××个人，非常适合家庭聚餐，或者朋友聚会。

方法三：播放展示场景

家人们，这款折叠沙发床是我们今天的爆款。它的设计非常灵活，可以根据你的需要变成沙发，或者变成床。你们看这个视频，就可以看到它的使用场景，比如你可以把它放在客厅里，坐在上面看电视、聊天，或者打游戏。当你有客人来住，或者你想睡个午觉时，你就可以把它展开变成床。而且它还有储物空间，可以放一些东西。它的颜色也很好看，可以和你的家居风格搭配。

方法四：播放展示对比

家人们，这款记忆棉床垫是我们今天的限量商品，它的特点是可以根据你的身体曲线自动调节，给你最舒适的睡眠体验。你们看这个视频，就可以看到它和普通的床垫的对比，比如我用手按压它，它会慢慢恢复原状，而普通的床垫就会立刻弹回。它还可以分散压力，减少翻身次数，提高睡眠质量。它的材料也是安全的，没有任何刺激性的气味，不会伤害我们的健康。

方法五：播放展示评价

家人们，这款电视柜是我们今天的新品，它的样式非常简约时尚，可以放置你的电视、音响、遥控器等，让你的客厅更加整洁美观。你们看这个视频，就可以看到我们的其他观众对它的评价，比如有的观众说它的质量很好，安装很方便；有的观众说它的空间很大，可以放很多东西；有的观众说它的颜色很好搭配，可以和其他家具相配。你们看，这些都是真实的评价，没有任何虚假，你们可以放心购买。

3.2.3 注意事项法

方法一：提醒使用方法

家人们，这款电热毯是我们今天的特价商品。它可以让你在寒冷的冬天享受温暖的睡眠，而且有多种温度可调，非常实用。但是，你使用电热毯的时候，一定要注意安全，不要折叠电热毯，不要在电热毯上放重物，不要用湿手插拔电源，不要让小孩或者宠物咬嚼电线，不要在电热毯上洒水或者其他液体。这些都是为了保护你和你的家人的安全，希望你们能够理解。

方法二：提醒保养方法

家人们，这款羽绒被是我们今天的爆款商品。它的羽绒是从××进口的，质量非常好，保暖性能非常高，而且有多种颜色和图案可选。但是，羽绒被的保养也是很重要的，不要经常洗涤，不要用热水或者漂白剂，不要用吸尘器或者刷子，不要晒太久，不要用重物压。这些都是为了保持羽绒被的蓬松和柔软，延长它的使用寿命，希望你们能够注意。

方法三：提醒注意细节

家人们，这款沙发是我们今天的限量商品。它的面料是从××进口的，手感非常好，而且有多种颜色和尺寸可选，非常适合你的客厅。但是，购买沙发的时候，你一定要注意细节，不要只看外观，还要看尺寸大小；不要只看颜色，还要看搭配。这些都是为了让你买到更合适的沙发。

方法四：提醒注意安全

家人们，这款电饭煲是我们今天的爆款抢购商品，它的功能非常强大，还有多种煮饭模式可选，非常方便。但是，使用电饭煲的时候，一定要注意安全，不要在电饭煲上放易燃物品，不要在电饭煲内放金属或者其他导电物品。

不要在电饭煲工作时打开盖子或者移动位置，不要在电饭煲未冷却时清洗或者存放，不要让小孩或者宠物靠近电饭煲。这些都是为了防止发生触电或者火灾，希望你们能够注意。

方法五：提醒注意质量

家人们，这款地毯是我们今天的特惠商品。它的材料是从××进口的，它是手工编织的，图案精美，而且有多种颜色和大小可选，非常适合你的客厅或者卧室。但是，购买地毯的时候，你一定要注意质量，不要被一些低价的劣质地毯所诱惑，不要只看正面的颜色和图案，还要看背面的结构和密度；不要只看大小和形状，还要看材质和工艺；不要只看品牌和产地，还要看实物和证书。这些都是为了让你买到最优质的地毯，希望你们能够做出明智的选择。

3.2.4　安全提示法

方法一：提示安全

家人们，这款热水壶是我们今天的特惠商品，它的功能非常强大，可以快速烧开水，保持恒温，还能自动断电。但是，在使用它的时候，有一些注意事项，我要提醒大家。首先，你要确保热水壶的底座和电源线没有损坏，否则会有触电的危险。其次，你要避免在热水壶的周围放置易燃物品，比如纸巾、布料，或者喷雾剂，以免引起火灾。最后，你要在热水壶冷却后再清洗，不要用湿手或者湿布触摸热水壶的外壳，以免造成短路或者烫伤。

方法二：提示保养

家人们，这款空气净化器是我们今天的新品。它的使用效果非常好，可以有效去除空气中的灰尘、花粉、烟雾、异味、细菌等，让你呼吸更健康的空气。但是，在使用它的时候，有一些注意事项，我要提醒大家。

首先，你要定期更换滤网，一般建议每三个月更换一次，否则会影响空气净化器的性能和寿命。其次，你要避免空气净化器的进风口和出风口出现堵塞，比如不要将其放在墙角、窗帘、家具等物品的后面，以免降低空气流通的效率。最后，你要在空气净化器停止工作后再拔掉电源插头，不要在空气净化器运行的时候拔插头，以免造成电器损坏或者发生触电。

方法三：提示使用

家人们，这款微波炉是我们今天的热销商品。它的功能非常多，可以加热、解冻、烘烤、烧烤，甚至还有蒸汽功能。但是，在使用它的时候，有一些注意事项，我要提醒大家。首先，你要使用专门的微波炉容器，不要使用金属、塑料，或者纸制的容器，否则会引起火花或者使容器熔化。其次，你要注意食物的加热时间和温度，不要时间过长或者温度过高，以免造成食物烧焦或者爆裂。最后，你要在微波炉停止运转后再打开门，不要在微波炉运转的时候打开门，以免造成微波泄漏或者烫伤。

方法四：提示节能

家人们，这款冰箱是我们今天的优惠商品。它的容量非常大，可以存放很多食物，而且它还有智能温控、变频压缩、风冷无霜等功能，让你的食物保鲜更久，节省更多电费。但是，在使用它的时候，有一些注意事项，我要提醒大家。

首先，你要合理安排食物的摆放，不要堆得太满或者太密，以免影响冷气的流通和温度的均匀。其次，你要尽量减少开关门的次数和时间，不要频繁或者长时间地开门，以免造成冷气的损失和电费的浪费。最后，你要定期清洁冰箱的内外部，不要让灰尘、油渍，或者异物堵塞冰箱的通风口，以免影响冰箱的散热和运行。

方法五：提示保修

家人们，这款洗衣机是我们今天的抢购商品。它的性能非常好，有洗涤、漂洗、甩干、消毒、除菌、除臭等功能，让你的衣物更干净、更卫生。但是，在使用它的时候，有一些注意事项，我要提醒大家。

首先，你要按照说明书的要求，正确安装和使用洗衣机，不要随意改动或者拆卸洗衣机的部件，否则会影响洗衣机的正常工作和保修。其次，你要定期清理洗衣机的滤网、水槽、排水管等部位，不要让杂物、污垢，或者水垢积累，以免影响洗衣机的清洗效果和寿命。最后，你要在洗衣机出现故障的时候，及时联系我们的售后服务人员，不要自己尝试修理或者找不专业的人员修理，以免造成更大的损坏或者安全隐患。

3.2.5　要点提醒法

方法一：提醒不要错过

家人们，这款空气净化器是我们今天的秒杀商品。它的功能非常强大，可以有效去除室内的灰尘、烟雾、花粉等，让你呼吸更健康的空气，而且它还有多种模式和定时功能可选，非常智能。

但是，这款商品的数量非常有限，只有50台，而且秒杀价只有×××元，比平时便宜了××元！这个价格真的是太划算了！如果你错过了这次机会，你可能就要等到明年的双十一才能再遇到了！所以，家人们，不要犹豫了，立即下单吧！

方法二：提醒不要搞错

家人们，这款茶几是我们今天的特价商品。它的材质是实木的，非常结实，而且有多种颜色和样式可选，非常适合你的客厅或者书房。但是，这个商品的规格有两种，一种是长×米、宽×米、高×米的，另一种是长×米、宽×米、高×米的。

你在下单的时候一定要注意选择正确的规格，不要搞错了，否则你收到的商品可能不符合你的期望，也不方便退换。这个商品的规格在商品详情页有明确的标注，你一定要仔细看清楚，不要因为一时的粗心而造成不必要的麻烦。

方法三：提醒不要疏忽

家人们，这款窗帘是我们今天的爆款商品。它的面料是纯棉的，非常柔软，而且它还有多种图案和颜色可选，非常适合你的卧室或者客厅。但是，这个商品的数量是按照米数来计算的，你在下单的时候一定要注意输入你需要的米数，不要忘记了，否则你收到的商品可能不够你使用，也不方便补货。

这个商品的米数在商品详情页有明确的说明，你一定要根据你需要的尺寸来购买，不要因为一时的疏忽而造成不必要的损失。

方法四：提醒不要买错

家人们，这款床上四件套是我们今天的限量商品。它的材质非常柔软，而且有多种图案和颜色可选，非常适合你的卧室或者客房。但是，这个商品的尺寸有三种，第一种是1.5米×2.0米的，第二种是1.8米×2.0米的，第三种是2.0米×2.2米的。

你在下单的时候一定要注意选择合适的尺寸，不要买错了，否则你收到的商品可能不适合你的床。这个商品的尺寸在商品详情页有明确的展示，你一定要根据你的床的大小和你的房间的风格来选择。

方法五：提醒不要操作错误

家人们，这款除螨仪是我们今天的特惠商品。它的功能非常强大，可以高频拍打和强力吸除床上的螨虫和灰尘，而且有紫外线和超声波杀菌功能。

但是，使用除螨仪的时候，一定要注意操作正确，不要在除螨仪里放其他物品，不要在除螨仪未插电时按开关，不要在除螨仪工作时拔掉电源，不要在除螨仪未清洗时再次使用，不要在除螨仪外部擦拭水或者其他液体。这些都是为了防止发生故障或者损坏，希望你们能够注意和正确操作。

▷▷ 3.3 产品演示

3.3.1 情景19：竞品对比演示怎么讲

📖【竞品对比介绍要点】

1. 介绍竞品名称：清楚地告诉观众竞品的型号、功能、规格等信息，让观众知道自己在看什么，以及和自己的产品有什么区别。

这样可以让观众对竞品有一个基本的认识，也可以让观众对自己的产品有一个对比的参考，从而提高自己产品的吸引力和竞争力。

2. 介绍竞品劣势：客观地分析竞品的劣势，比如价格、库存、使用难易度、安全性、兼容性等，用数据、评价、反馈等方式来证明竞品的不足，让观众警惕。

这样可以让观众对竞品有一个深入的了解，也可以让观众对自己的产品的优势有一个认识，从而增加他们选购自己产品的可能。

3. 介绍自己的产品：突出自己的产品的优势，比如材质、工艺、设计、性能、服务等，用数据、证书、案例等方式来证明自己的产品的品质，让观众信服。

这样可以让观众对自己的产品有一个全面的了解，也可以让观众对自己的产品有一个价值上的认识，从而提升自己产品的知名度和关注度。

📖【经典案例参考】

主播："我知道大家可能有疑问，市面上不是有很多其他的衣柜产品吗？它们和你家的衣柜有什么区别呢？那么，我就来给大家做一个客观公正的对比，让大家看看咱家衣柜的优势在哪里。"

观众1："我来凑凑热闹，听听看。"

主播："首先，我们来看看这款衣柜的外观。大家可以看到，衣柜的外观设计很普通，颜色也很单调，没有什么个性和特色。而且，衣柜的材质也不太好，容易刮花和变形，因此使用寿命也不长。"

主播："相比之下，咱家衣柜的外观就很有亮点。咱家衣柜采用了高质量的木材和金属，结实耐用，不易损坏。而且颜色和样式都可以根据你的喜好和房间风格进行定制，让你的衣柜和你的个性相匹配。"

观众2："这么一对比，你家的简直太好了！"

主播："其次，我们来看看衣柜的功能对比。大家可以看到，普通衣柜的功能很简单，就是存放衣服，没有什么特别的。而且，普通衣柜的空间也不够大，不能容纳很多衣服，容易造成衣服的堆积和皱折，影响衣服的美观和品质。"

主播："相比之下，咱家衣柜的功能就很强大。咱家衣柜不仅有足够的空间，还有多个分区，你们可以根据衣服的类型、穿着季节、颜色、风格等进行归类和摆放，让你的衣服保持整齐和清洁。"

观众3："这个分区我很喜欢。"

主播："最后，我们来看看衣柜的价格对比。大家可以看到，普通衣柜的价格并不便宜，甚至有些过高，性价比不高。而且，普通衣柜的售后服务也不太好，如果衣柜出现什么问题，很难得到及时和有效的解决。"

主播："相比之下，咱家衣柜的价格就很合理，而且，咱家衣柜的售后服务也很好，如果衣柜出现什么问题，可以随时联系我们的客服，我们会尽快为你解决。"

…………

3.3.2 情景20：现场效果演示怎么讲

【现场演示介绍要点】

1. 介绍演示目的：明确地告诉观众演示的主题、目标、步骤等信息，让观众知道自己在看什么，为什么要看，怎么看。

这样可以让观众对演示有一个清晰的预期，也可以让观众对产品有一个初步的兴趣，从而提高观众的关注度和参与度。

2. 介绍演示准备：根据产品的特性，介绍准备好演示所需的工具、材料、环境等，让观众看到产品的完整性、可靠性、安全性等。

这样可以让观众对产品有一个全面的认识，也可以让观众对演示有信任感，从而加深观众对产品的熟悉程度，增加对产品的依赖感。

3. 介绍演示过程：清晰地展示产品的操作方法、功能效果、使用感受等方面，让观众看到产品的实用性、高效性、舒适性等。

这样可以让观众对产品有一个深入的体验，也可以让观众对演示有一个满意的评价，从而提升观众的体验度和满意度。

4. 介绍演示结果：归纳总结产品的优点、特点、价值等方面，让观众记住产品的亮点、卖点、核心竞争力等。

这样可以让观众对产品有一个持久的印象，也可以让观众对演示有一个认可的态度，从而增强观众的印象度和认可度。

📖【经典案例参考】

主播："今天呢，我给大家准备了非常丰富精彩内容，大家千万不要走开！"

观众1："今天有啥不一样吗？"

主播："今天，我要给大家分享一个我珍藏了很久的宝贝，就是这个超美观的家居摆件！这款热卖爆火家居摆件我本人就一直在用它。我们给大家看一下特写镜头。这个家居摆件是用优质××材料制作的，看上去非常精致，摸起来很光滑，而且有很好的抗污抗刮性能。"

观众2："可以摆在哪里？"

主播："摆件可以摆在很多地方，比如客厅、卧室、书房、餐厅等。你们看，这个家居摆件的造型非常独特，而且它还有多种颜色和款式，可以搭配不同的风格。"

观众3："造型确实很漂亮！"

观众4："不怕摔吗？"

主播："家人们，这个家居摆件不仅美观，而且非常坚固，我现在就给大家演示一下。这个家居摆件可以承受很大的冲击力，摔不碎、砸不坏！（让助手拿着家居摆件，用力往地上摔）怎么样！家人们，看到了吗？这个家居摆件完好无损，没有出现任何裂痕或碎片！"

主播："好了家人们，通过这个演示，你们应该都看出来了，××品牌的家居摆件在美观性、坚固性、个性等方面都比市面上的普通家居摆件要好得多。如果你想让你的家更温馨舒适，就赶快下单吧！"

…………

3.4 产品介绍经典语句

3.4.1 描述类经典语句

【经典语句1】

××家居美观又实用，环保材料健康安全，舒适温馨家的感觉，不用比较不用犹豫，一看质量就放心，一看价格就开心，价格优惠让你赚。

【经典语句2】

××年的历史，××年的文化，××年的工艺韵味藏不住。本店是××手工坊，灯具画框装饰品，亮得美得有气质。亮的闪的不是卖点，是我们的传承和创新。

【经典语句3】

你是否渴望在忙碌的一天结束后，躺在一张柔软舒适的沙发上，享受一杯香浓的牛奶？××家具为你提供了这样的享受，它的沙发表面覆盖着细腻的绒毛，让你感受到丝般的触感，仿佛置身于云端。××沙发，就是这么舒适，让你的身心都得到放松。

3.4.2 指标类经典语句

【经典语句1】

事实证明，我们的款式和品质是无法抵挡的诱惑！数据告诉你们，这是当下最流行的家居单品！

📖【经典语句2】

××空气净化器的市场占有率在××××年达到了××%。每台空气净化器都配备超××%的×××滤网，能有效去除灰尘、细菌等有害物质，让你呼吸更健康的空气！

📖【经典语句3】

我们的各种指标数据说明一切，品质与设计并存！这些数字不会骗人，快来感受一下品质的力量！

3.4.3　对比类经典语句

📖【经典语句1】

不比不知道，一比惊喜多！××空气净化器，清除灰尘细菌，智能控制好，噪声很低沉，卧室客厅都能用，谁用谁舒适！

📖【经典语句2】

亲们，别错过这款××沙发，真皮制作，软硬适中，坐上去就是享受。同样的品质，外面卖五千多，我们直播价只要三千九，还免费送货上门，此外还有惊喜大礼等你拿！

📖【经典语句3】

××空调，冬暖夏凉；××空调，节能环保；静音制冷，智能除菌；一年四季，舒适如意。其他空调，噪声大，电费高，制冷慢。不比不知道，一比才懂

××空调好。

3.4.4　演示类经典语句

【经典语句1】

此物只应天上有，人间难得几回寻。若问此物何处好，待看主播巧演示！

【经典语句2】

一放二摆三调整，家居氛围变不同，桌面亮点增光彩，××摆件，精致美观，适合各种风格，让你的家更有品位！

【经典语句3】

××灯具，炫酷灯光，三色变换，摇一摇就能切换，客厅瞬间有气氛。创意设计，多种模式，适合各种场合，让你的家更有趣！

3.4.5　技术类经典语句

【经典语句1】

智能温控一体化，冷热食物全保鲜！××冰箱，科技领先，节能环保，让你的生活更便捷！

【经典语句2】

科学洗涤，干净、杀菌、柔顺，三位一体，一键搞定！××洗衣机，技术先进，高效节能，让你的衣服穿起来更舒服！

📖 【经典语句3】

××电视真清晰，画面音质有一套！精彩丰富的节目，助你越看越过瘾！××电视，画质超清，声音震撼，让你观影更享受！

3.4.6　奖项类经典语句

📖 【经典语句1】

科技的创新，持久的清洁！一键一操作，一台一全能！××洗碗机，荣获×××年中国家用电器××奖，让你家的餐具光亮如新！

📖 【经典语句2】

音乐流动轻松愉悦，人们聆听陶醉不已。××音响，高清音质，无法忽视！××音响，荣获×××年××××奖，让你听觉享受无限！

📖 【经典语句3】

智能设计，方便实用。节能材质，环保省电。基于多年研发，结合人性需求。引领家电潮流，彰显品牌实力！××空调，荣获×××年节能减排科技进步×等奖，让你冬暖夏凉！

3.5 产品介绍句式

3.5.1 FABE句式

1. 这款_____（电器产品）采用了先进的智能技术（特点），能够高效地节省能源（优势），为你的生活带来便利和舒适（好处），同时也能提升你的生活品质感（好处）。不信你看这款电器的性能参数和观众评价（证据），这是我为你搜索的多个颜色，总有一款符合你的喜好（证据）。

2. 我们的_____（家具产品）采用了_____（设计特点）优雅的风格，具备出色的耐用性和稳固性（优势），能有效节省空间或者增加收纳功能（好处），为你带来美观和舒适的居家环境（好处）。展示区有观众的装修案例和反馈的文字和图片（证据），你可以浏览一下。

3. 这款_____（家居产品）在设计上充满创意，巧妙地采用了环保（特点）的木质材料，使得所有我们的家居产品更加_____（优势）。另外，得益于工艺上的创新，这款产品在功能性上更加多样，能够满足你的不同需求（优势）。长期使用，不仅能为你营造理想的生活环境，还能让你的居家环境更加温馨和舒适。你看这款家居产品的细节（证据），造型简约精致，质感柔和温暖，非常适合现代简约风格的装修。

3.5.2 AIDA句式

1. 大家看看我左手边这款_____（特点）的_____（家具产品）。相信大家都有过类似的体验，家里的家具总会出现一些问题，比如不稳固或者不耐用（列举常见问题）。今天_____（主播昵称）可以为大家解决这些烦恼（激发兴趣）。看看我右手边，这款家具针对_____（常见问题）做了特别的设计改进，在结构上更加坚固，使用寿命也更加长久。这样，大家在使用这款家具时，就不会再担心那些问题了。这是我们直播间推出的新品，特别推出限时优惠活动，限时_____（时间）分钟就可以享受到_____（折扣力度）折的优惠价格。机不可失，时不再来（促进行动），大家可千万别错过了这个好机会哦！

2. 亲爱的家人们，想象一下，你回到家后，打开了一台功能强大的_____（品牌名）空调。这时，你的家里会充满一种舒适和清新的空气，你的心情也变得愉悦起来（引起兴趣）。这台空调不仅智能化程度高，而且具备节能环保、冬暖夏凉、净化空气的特点，能满足你的需求（激发欲望）。有了它，你再也不用担心家里有温度不适宜或是空气质量不好的问题了。这款空调现在正在进行限时促销活动，你只需要花费_____元（产品价格）就可以拥有它。这个价格真的是非常优惠，你还在等什么呢？赶快行动吧（促进行动）！让你及家人享受从未有过的舒适和清新！

3. 直播间的宝宝们，我今天给大家带来的是一款特别精美的_____（家居产品）。我现在就给大家展示一下，看看它的独特之处（引起兴趣）。大家看，这款_____（家居产品）的材质非常优质，一摸就知道是高档的产品，质感非常舒适，而且_____（家居产品）的设计非常有创意，无论是放在客厅还是卧室都非常合适（激发欲望）。而且，这款_____（家居产品）的价格也非常合理，性价比非常高。如果你对这款_____（家居产品）感兴趣，那么今天在直播间购买的话，可以享受到特别优惠的价格。只需要_____元（产品价格），你就可以拥有这款精美又实用的_____（家居产品）。机会难得，赶快行动起来吧（促进行动）！

3.5.3　NFABI句式

1. 我相信每个人都想拥有一个温馨又美观的家（需求），所以啊，_____（主播昵称）今天给大家推荐了一款超级实用的_____（家居产品）。大家可能不知道，这款_____（家居产品）来自_____（家居品牌）家，他们独家的

_____技术（特点），使得这款家居产品的质量优良，使用寿命长久（优势）。它不仅能够装饰你的家（优势），更能为你营造一个舒适和温暖的氛围（利益）。这款_____（家居产品）真的太棒了！放在家里，你就是最有品位的主人（冲击）！

2. 你是否因为家里的温度不合适或空气质量不好而感到不舒服或不安？（需求）你是否想要拥有一台智能又节能的_____（家电产品）？（需求）那么，你一定需要我们的_____（家电产品），它采用了_____技术（特点），可以提供更好的温控和净化（优势）。我们的_____（家电产品）设计精美，可以适应各种装修风格（优势）。使用我们的_____（家电产品），你可以感到家里的舒适和清新（利益）。现在就点开下方链接，获取更多的产品信息和优惠券（冲击）。让我们的_____（家电产品），为你的家庭带来健康和幸福（冲击）！

3. 你是否想要一件既能美化空间又能提供功能的_____（家具产品）？（需求）你是否想要在家里享受舒适和温馨的氛围？（需求）那么，你一定不能错过我们的_____（家具产品），它采用了特殊的_____材质（特点），可以增加耐用性和稳固性（优势）。我们的家具设计精致，可以适应各种装修风格（优势）。放置我们的_____（家具产品），你可以感受到家里的美观和舒适（利益）。无论是在客厅还是在卧室，你都可以轻松搭配任何家居用品和灯光，展现你的品位和个性（利益）。现在购买我们的_____（家具产品），还可以获得免费的家居配饰赠品（冲击）！

3.5.4 数据句式

1. 这款家电采用了_____瓦（功率）的电机和_____（材质）的外壳，经过_____次安全检测，使得家电更加高效稳定，噪声极低，功能齐全，适合各种场合，智能的控制系统和显示屏更添一份科技感。该家电价格合理，仅售_____元（售价），快来体验吧！

2. 这款家电的功率高达_____瓦（功率），性能极佳，安全性高达_____

（安全性）%，使用寿命长达_____年（寿命），让你轻松享受高品质的生活。智能的控制系统和显示屏展现科技感，多种的功能和模式满足你的不同需求。价格合理，仅售_____元（售价），快来体验吧！

3. 这款家电的品牌实力雄厚，售后服务满意率高达_____%，观众评价分满意度高达_____分，让你购买无忧。智能的控制系统和_____种的功能模式满足你的不同需求，价格优惠，仅售_____元（售价），物超所值！

3.5.5　对比句式

1. 与那些_____（产品名称）相比，这些_____（产品名称）的优势在于它们更加耐用稳固，没有_____（含量名称），而且富含_____和_____（含量名称），不仅能够增强家具的_____（属性名称）性能，而且能够美化空间。

2. 这些_____（产品名称）的质量、设计和功能都比那些_____（产品名称）好得多。它们更加耐用美观，结构也更合理，没有任何_____（性能名称）瑕疵，而且含有大量的木质素、纤维素和_____（含量名称），能够增强家具的_____（功能名称），提升空间的_____和_____（好处）。

3. 我们可以很明显地发现，这些_____（产品名称）更加符合大众的需求。它们的质量、设计和_____（优势卖点）都比那些_____（产品名称）更好，它们更加耐用、美观，结构也更合理。

第 4 章

直播互动该怎么聊

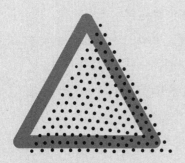

4.1 家居生活话题

4.1.1 日用品话题

【从产品到话题】

日用品是指人们日常生活中经常使用的物品，如清洁用品、个人护理用品、厨房用品等。从日用品出发，可以引出非常多的优质话题。下面列举了两个常见话题。

1. 桌面清洁话题。桌面清洁话题可从纸巾、功能性抹布、清洁剂等产品中引出。聊桌面清洁话题要注意把握方便、快捷等要点。

2. 个人清洁话题。个人清洁话题可从洗发水、沐浴露、香皂、牙刷、牙膏等产品中引出。聊个人清洁话题要注意把握健康、卫生、清洁效果、养护能力等要点。

【从话题到互动】

1. 桌面清洁话题

主播："大家平时怎么擦桌子？用抹布？好像确实很多人都这样，不过大家想过没有，一般来说，抹布可能都放在厨房、卫生间等地方，更多的还是吃饭后用来擦餐桌的。可是大家要是在房间里吃零食，比如薯片、锅巴、辣条啥的，也容易把桌面弄脏对不对？我相信，这个时候大家一般用得最多的清洁工具不是毛巾，而是纸巾。"

观众："还真是。"

2. 个人清洁话题

主播："家人们平时是怎么做个人清洁的？"

观众："个人清洁不就是每天洗澡、刷牙吗？"

主播："其实，个人清洁不仅仅是洗澡刷牙那么简单，它还涉及我们的皮肤、头发、指甲、口腔等部位的保养。这些部位的清洁程度直接影响我们的健康和形象。就拿头发来说好了，你们知道吗，洗头其实不仅仅是洗头发，还包括对头皮的清洁？怎样对头皮进行有效清洁呢？我相信大家需要……"

【从互动到销售】

1. 桌面清洁话题

观众："纸巾拿来做桌面清洁太浪费了！纸巾很贵的。"

主播："我早想到了，所以你们才需要我啊！我今天给你们带来的××牌纸巾，主打的就是量多且便宜，一包足足有400张！超多超耐用！目前正在限时促销，一箱30包只要19.9元！算下来一包不到1元！机不可失，时不再来哦！"

2. 个人清洁话题

主播："家人们，××牌洗发水多年来专攻头皮护理领域，从根源出发呵护你的秀发，养护深至毛囊，直击根源！现在下单还送小剂量心意装，买一得二，赶紧下单吧！"

4.1.2 家具话题

【从产品到话题】

家具是指用于布置、装饰和提升生活空间功能性的物件，如沙发、床、餐桌椅、书架、衣柜等。从家具出发，主播可以引导出一系列关于家居美学、舒适度以及实用性的话题。下面列举了两个常见话题。

1. 家居风格搭配话题。这个话题可以从沙发、茶几、窗帘等家具及软装中引

出，讨论时需关注整体色调的协调性、不同风格家具的混搭技巧以及如何通过家具选择来展现个性化的居家环境。

2. 功能性家具话题。此话题可从折叠床、储物柜、多功能餐桌等产品展开，探讨家具在节省空间、增强收纳功能等方面的创新设计与实用价值。

【从话题到互动】

1. 家居风格搭配话题

主播："家人们，你们家里的装修风格是什么样的呢？是简约现代风还是复古田园风？有没有遇到过买回家的家具和家里风格不搭的情况呢？"

观众："我家就是'混搭风'，简单来说就是乱配，有时候真的挺头疼怎么搭配。"

主播："搭配家居风格其实很有学问，关键在于色彩、线条和材质的统一和谐。比如，北欧风就讲究简洁明亮的色彩和自然原木元素，而美式乡村风则更注重复古做旧感和温馨舒适的氛围。"

2. 功能性家具话题

主播："小户型如何合理利用空间？我想很多家庭都面临这个问题。一款好的功能性家具就能帮助我们解决这一难题。比如，可以当书桌又可以变身为床铺的隐形床，或者带有强大储物功能的榻榻米，大家有没有使用过这类家具呢？"

观众："我之前买过一个能变形的餐桌，真的很实用！"

【从互动到销售】

1. 家居风格搭配话题

观众："主播，我刚搬进新家，想买一套既能搭配现代简约风格又能持久耐用的沙发。"

主播："这款××品牌的真皮沙发就非常适合你。它采用经典的黑白灰配色，简约大气，非常适合搭配现代简约风格，而且皮质耐磨耐脏，经久耐用。现在购买还有全套抱枕赠送哦，它绝对是你客厅的点睛之笔！"

2. 功能性家具话题

观众："主播，我在找一款能节省空间的书桌，最好还能放电脑主机。"

主播："这款××品牌隐藏式电脑桌就非常符合你的需求，它不仅具有宽敞的工作台面，还配备了专门存放电脑主机的空间，并且在不使用时可以轻松收起，瞬间释放更多空间。现在下单立享8折优惠，错过今天就没有了哦！"

4.1.3 家居饰品话题

📖 **【从产品到话题】**

家居饰品涵盖了居家生活中的各类装饰、布置及优化空间体验的元素，如灯具、窗帘、地毯、抱枕、挂画、绿植等。从家居饰品出发，主播可以引导出丰富多元的话题。下面列举了两个常见话题。

1. 灯光设计与氛围营造话题。这一话题可以从吊灯、壁灯、落地灯等多种灯具中引出，探讨不同灯光对室内氛围的影响，以及如何通过合理搭配灯具来提升居住环境的舒适度和美感。

2. 家居色彩搭配话题。此话题可以从色彩丰富的窗帘、地毯、沙发套等软装物品着手，深入研究色彩心理学在家居设计中的应用，以及如何运用色彩搭配让家更具个性化和温馨感。

📖 **【从话题到互动】**

1. 灯光设计与氛围营造话题

主播："大家晚上好！你们有没有想过为什么有些餐厅、咖啡馆总是让人感觉特别温馨、舒适？其实，灯光设计在其中起到了很大的作用。你们家里一般用什么样的灯具呢？"

观众："我家客厅就是一盏大吊灯，卧室是壁灯，感觉挺普通的。"

主播："对，不同的灯光能创造出截然不同的氛围。比如，暖色调的灯光可以增加家的温馨感，而冷色调的灯光则有助于提高工作效率。而且，利用落地灯或台灯做局部照明，还可以为家中增添空间的层次感和艺术效果哦！"

2. 家居色彩搭配话题

主播："说到装修布置，色彩搭配可是个大学问！家人们都倾向于什么家居色彩呢？"

观众："我个人比较喜欢淡雅的蓝色调。"

主播："蓝色确实能给人带来宁静舒适的感受。不过，家居色彩搭配不仅要考虑个人喜好，还要注意色彩之间的和谐统一，如对比色的巧妙运用能够突出视觉焦点，类似色则能使整个空间显得更为协调。此外，季节变化、心理情绪也是我们调整家居色彩时可以参考的因素。"

【从互动到销售】

1. 灯光设计与氛围营造话题

观众："主播，我正打算换掉家里的旧灯具，能不能推荐一款既时尚又能调节气氛的灯具呢？"

主播："当然可以！这款××品牌的智能调光吊灯就非常符合你的需求。它支持多种亮度和色温模式切换，无论是温馨浪漫的氛围，还是静谧的氛围，它都能轻松营造出来。现在下单还赠送遥控器，方便你随时调整光线氛围，机不可失哦！"

2. 家居色彩搭配话题

观众："主播，我想给客厅换个窗帘，能否推荐一款色彩亮丽、质量上乘的产品？"

主播："这款××品牌的新款窗帘采用环保印染工艺，色彩鲜艳且不易褪色，有多种图案和颜色可供选择，可以很好地搭配你家中的现有色调。它的遮光性能也相当出色，能给你提供一个既温馨又私密的居家空间，现在购买享受9折优惠，不要错过这个机会哦！"

4.1.4　家电话题

📖【从产品到话题】

家电产品涵盖了与家居生活紧密相关的家用电器，如冰箱、洗衣机、空调、电视、微波炉、烤箱等。这些产品在日常生活中扮演着重要角色。我们也能够从这些产品中引出许多实用且有趣的话题。下面列举了两个常见话题。

1. 节能环保家电话题。此话题可从节能冰箱、变频空调等低碳环保型家电出发，探讨家电的能耗标准、节能减排技术，以及选购节能环保家电对家庭开支和环境保护的影响。

2. 家电智能化趋势话题。这一话题可以从智能电视、智能音箱、智能扫地机器人等智能家居设备着手，分析智能家电的发展趋势，讨论智能家电如何改变人们的生活方式和提高生活质量。

📖【从话题到互动】

1. 节能环保家电话题

主播："各位朋友，现在国家大力提倡绿色低碳生活，咱们家里用的家电是否也在与时俱进呢？你们家里的冰箱、空调有没有换成节能型的呢？"

观众："我家最近刚换了一台节能空调，确实省了不少电费。"

主播："没错！选择节能型家电不仅有助于降低家庭开支，还能为改善地球环境做贡献。现在的家电产品越来越先进，像变频空调、一级能效冰箱，它们在保证性能的同时，能源消耗大大减少，真是居家过日子的好帮手！"

2. 家电智能化趋势话题

主播："随着科技的发展，家电也越来越智能化了。大家家里有接入智能家居系统的设备吗，比如智能电视或者智能音箱之类的？"

观众："我家有一款智能电视，可以直接语音控制，特别方便。"

主播："是啊，智能家电让我们的生活更加便捷、舒适。除了基本的功能升级，智能家电还具有远程操控、语音交互等功能，甚至可以与其他家电互联互通，构建全屋智能生态。以后，也许只要一句话就能轻松管理家中的一切电器哦！"

【从互动到销售】

1. 节能环保家电话题

观众："主播，我想换一台节能冰箱，有什么推荐吗？"

主播："当然有！这款××品牌的节能冰箱采用最新的高效压缩机技术，能效等级达到一级，不仅节能省电，而且冷藏冷冻效果出色。更重要的是，它还配备了智能恒温系统，持久保鲜，真正实现了经济与实用的完美结合。现在购买还有节能补贴政策支持，性价比超高，不要错过机会哦！"

2. 家电智能化趋势话题

观众："我也想体验一下智能家居生活，能否推荐一款实用的智能音箱？"

主播："当然可以！这款××品牌的智能音箱具备高保真音质，同时内置AI助手，通过简单的语音指令即可完成播放音乐、查询信息、控制家电等多种功能。并且它还支持多房间同步播放，全家共享智能生活乐趣。现在下单即赠专属会员服务，享受更多优质内容资源，快来加入智能家居的行列吧！"

▷▷ 4.2 健康环保话题

4.2.1 对身体的影响

【从产品到话题】

对身体的影响更多地指身体健康话题，这个话题涉及与人们健康息息相关的产品，如保健品、健身器材、健康监测设备、健康食品等。通过这些产品，主播可以引导出一系列关于健康管理、运动锻炼、营养补充，以及疾病预防的话题。以下是两个常用话题。

1. 家庭健身与运动保健话题。这一话题可由瑜伽垫、跑步机、智能跳绳、弹力带等健身器材引出，探讨在家进行有效锻炼的方法，探讨如何根据个人体质和需求制定合适的健身计划，并强调定期运动对保持身体健康的重要性。

2. 智能穿戴与健康管理话题。该话题可以从智能手环、智能体重秤、心率血氧监测仪等健康监测设备入手，分享如何利用科技手段实时监控身体各项指标，预防慢性疾病，同时关注睡眠质量、压力水平等方面的管理，实现全方位的健康管理。

【从话题到互动】

1. 家庭健身与运动保健话题

主播："现在大家都越来越注重居家锻炼了，有没有朋友家里备有健身器材的？都在做哪些运动？"

观众："我买了个瑜伽垫，经常跟着网课练习瑜伽，偶尔也用弹力带做一些力量训练。"

主播："非常好，瑜伽和弹力带训练都是很好的家庭健身方式，既能增强柔韧性，又能提高肌肉力量。而且，配合像跑步机、智能跳绳等有氧运动器材，可以更全面地提升心肺功能和体能素质。提醒大家，在家锻炼时一定要注意做好热身运动和拉伸，避免受伤。"

2. 智能穿戴与健康管理话题

主播："随着科技的发展，智能穿戴设备已经成了健康管理的重要助手。家人们是否都有使用智能手环或手表来监测自己的健康状况呢？"

观众："我在用智能手环记录步数和监测睡眠质量，觉得挺有用的。"

主播："没错，智能穿戴设备确实为我们提供了很大的便利。它们不仅能追踪运动数据，还能监测心率、血压、血氧饱和度等重要生理指标，及时预警潜在的健康风险。此外，部分设备还具备压力分析、呼吸训练等功能，有助于我们在快节奏生活中更好地保持身心健康。"

 【从互动到销售】

1. 家庭健身与运动保健话题

观众："主播，我家空间不大，想买一台不占地儿又能锻炼全身的器械。"

主播："那我推荐你试试这款折叠式划船机，它占地面积小，收纳方便，且能有效锻炼全身80%以上的肌肉群，非常适合家庭使用。现在购买还赠送专业教练在线指导课程，帮你科学、高效地锻炼身体！"

2. 智能穿戴与健康管理话题

观众："主播，我想入手一款功能齐全的智能手环，有什么好的推荐吗？"

主播："这款××品牌的新款智能手环是你不错的选择，除了基本的步数、心率监测，它还有血氧检测、睡眠分析、压力评估等多项功能，并且续航能力强大，待机时间长。更重要的是，它具有时尚轻薄的设计，佩戴舒适，能满足你的健康管理需求。现在购买可享受新品上市折扣优惠，赶快行动吧！"

4.2.2 对环境的影响

 【从产品到话题】

环保话题主要围绕与环保理念相关的日用品、家电产品和家居产品展开，如可降解塑料袋、节能灯泡、环保家具等。这些产品不仅体现了绿色消费观，也引发了人们对环境保护、节能减排的深度探讨。以下是两个常见话题。

1. 绿色生活日用品话题。该话题可以从可降解垃圾袋、天然竹牙刷等产品出发，讨论如何在日常生活中落实环保行为，减少对环境的不良影响，并推广普及环保型日用品的使用。

2. 节能减排家电话题。这一话题可由节能冰箱、太阳能热水器、智能节水洗衣机等低碳家电引出，探讨家电行业的绿色发展，以及消费者如何通过选择高效节能的家电产品来实现家庭节能减排的目标。

【从话题到互动】

1. 绿色生活日用品话题

主播："大家在购物时是否关注过商品的环保属性？比如购物袋是不是可降解的，洗洁精是不是无磷配方的？"

观众："我最近开始注意买可降解塑料袋了，听说对环境友好。"

主播："非常好！环保型日用品不仅能帮助我们减少对环境的污染，还对我们的健康有益。选择竹质牙刷等产品，也是我们在日常生活中践行绿色生活方式的具体行动。"

2. 节能减排家电话题

主播："家人们，在选购家电时有没有考虑过它们的能耗等级和环保性能呢？"

观众："我去年换了新的节能空调，感觉电费确实比以前省了不少。"

主播："没错，购买节能家电不仅能响应国家节能减排政策，更能实实在在地降低我们的生活成本。比如节能冰箱，采用了先进的压缩机技术，不仅耗电量低，而且保鲜效果更佳；太阳能热水器则充分利用自然资源，减少对化石能源的依赖。这些都是我们在追求高品质生活的同时，为环保事业做出的一份贡献。"

【从互动到销售】

1. 绿色生活日用品话题

观众："主播，我想换一些更环保的日用品，有什么推荐的可降解垃圾袋品牌吗？"

主播："这款××品牌的生物可降解垃圾袋就非常不错，它采用玉米淀粉等可再生资源制成，能在一定条件下快速分解，不会造成白色污染。现在购买还有满减优惠活动，环保省钱两不误！"

2. 节能减排家电话题

观众："主播，我家正打算换台新电视，能不能推荐一款节能环保的电视？"

主播："当然可以！这款××品牌的节能液晶电视采用了最新的LED背光技术，功耗低且画质出众。不仅如此，它还具有待机功率极低的特点，真正做到了绿色环保。现在下单即赠两年保修服务，机不可失哦！"

▶▶ 4.3　装饰装修话题

4.3.1　装饰话题

【从产品到话题】

装饰话题涵盖了室内设计、家居饰品，以及软装搭配等多元化内容，如挂画、摆件、窗帘、地毯、挂饰、艺术灯具等。通过这些装饰产品，主播可以引出一系列关于家居美学、风格塑造，以及个性化空间打造的话题。以下是两个常见话题。

1. 家居风格与艺术品位话题。该话题可以从艺术画作、雕塑摆件等高端装饰品出发，探讨不同装饰风格如何影响整个居家环境的氛围和格调，以及如何通过艺术品提升居住空间的文化内涵。

2. 空间布局优化与功能分区话题。该话题可以从屏风、活动隔断、多功能储物柜等具有划分空间功能的产品入手，讨论如何通过巧妙的装饰布局实现空间的最大化利用，并结合家具摆放，打造出既实用又美观的居住空间。

📖【从话题到互动】

1. 家居风格与艺术品位话题

主播："家人们，我想大家在装修的时候，都想通过装饰品来体现自己的个人品位和生活态度吧！不知道大家有没有什么特别喜欢的艺术作品或是独特的摆件？"

观众："我家客厅挂着一幅抽象派油画，感觉很能体现我的个性。"

主播："不错不错。家居装饰品不仅能为我们的家增添美感，更是我们内心世界的一种外在展示。像你选择的抽象派油画，就赋予了空间一种深邃而富有想象力的气息。不同的艺术品位可以将我们的家打造成独一无二的生活空间，彰显主人的独特气质。"

2. 空间布局优化与功能分区话题

主播："对于小户型来说，如何通过合理的装饰和布局达到空间扩容的效果？有没有朋友在这方面有过成功的经验？"

观众："我在卧室用了一个半透明的屏风作为工作区和休息区的分隔，感觉效果很好。"

主播："这个方法非常好！灵活运用屏风、活动隔断等产品进行空间分割，不仅可以实现功能区域的有效划分，还能保持视觉上的通透感，避免小空间显得过于拥挤。同时，选择具备储物功能的家具，如榻榻米、嵌入式衣柜等，也能在保证美观的前提下最大限度地节省空间。"

📖【从互动到销售】

1. 家居风格与艺术品位话题

主播："我看有家人留言说想买个有特色的装饰品来提升家里的艺术品位，这款××品牌的手工吹制玻璃花瓶就非常适合你。这款花瓶设计独特，线条流畅，既有现代艺术感又能体现出传统文化底蕴。把它放在家中任何一个角落都能瞬间提升整体的艺术品位，现在购买还送设计师亲笔签名的明信片！"

2. 空间布局优化与功能分区话题

观众："主播，我家客厅不大，想要一个既能做隔断又能储物的家具，你有什么好建议？"

主播："这款××品牌的多功能实木置物架就很符合你的需求，它采用优质木材制作，外观简约大方，既可以当作书架、展示架使用，还可以起到空间分隔的作用。并且，其内部设有多个收纳格，方便存储各类物品，真正实现了美观与实用并存。目前正值新品推广期，现在购买还可享受满减优惠！"

4.3.2　装修话题

【从产品到话题】

装修话题涵盖了家居设计、装修材料、施工工艺等众多方面，如环保涂料、无醛板材、智能照明系统、艺术瓷砖、定制家具等。通过这些，主播可以引导出一系列关于绿色环保装修理念、舒适度提升，以及个性化空间打造的话题。以下是两个常见话题。

1. 智能化家居装修与便捷生活话题。这一话题可由智能家居控制系统、智能照明设备、电动窗帘等科技元素引入，讨论现代家庭装修中智能化趋势的发展及其为生活带来的便利性，以及如何借助科技力量打造智能、舒适的居家生活环境。

2. 定制化家装服务与个性化需求话题。该话题可以从全屋定制家具、特色墙面装饰、艺术吊顶设计等方面入手，聚焦于满足消费者个性化需求的定制化装修服务，探讨专业设计师团队与业主如何通过深度沟通，完成独一无二的家居设计方案。

【从话题到互动】

1. 智能化家居装修与便捷生活话题

主播："随着科技发展，越来越多的家庭开始尝试智能化家居产品。不知道大家家中安装了哪些智能家居产品呢？是智能灯具、智能家电还是智能安防系统？"

观众："我家装了智能窗帘和语音控制的照明系统，真的很方便。"

主播："智能化家居产品让我们的生活变得更加便捷和舒适。想象一下，清晨醒来，窗帘自动缓缓打开，灯具根据你的喜好调整亮度；晚上回家前，你通过手机就能提前开启空调，一进门就是宜人的温度。"

2. 定制化家装服务与个性化需求话题

主播："每个人的审美和生活方式都有所不同，所以在装修时，你是不是也希望家里的每个角落都能反映出自己的独特个性呢？像定制家具、手绘挂画等，都是展现个性的好方法。"

观众："是啊，我正准备找设计师帮我做一套书房定制家具，既能满足功能需求又能体现个人品位。"

主播："完全正确！定制化的家装服务可以根据每位业主的具体需求和生活习惯进行个性化设计，无论是功能布局、色彩搭配还是细节处理，都可以做到与众不同。与专业的设计师团队紧密合作，你可以确保你的新家既实用又美观，从而使其成为一个彰显你的个性的理想空间。"

【从互动到销售】

1. 智能化家居装修与便捷生活话题

观众："主播，我一直想给家里添置一套智能照明系统，能否介绍一款性价比高的产品？"

主播："××品牌的这款智能照明套装非常值得考虑。它支持App远程操控和语音助手联动，可以根据你的需求随意调节颜色和亮度，甚至设定多种情景模式。而且它安装简单、兼容性好，现在购买还有专业技术人员上门安装调试。限时优惠活动正在进行中，抓紧时间下单吧！"

2. 定制化家装服务与个性化需求话题

观众："主播！听了你的介绍，我也想要做全屋定制！给我推荐一下吧！"

主播："强烈推荐××品牌的全屋定制服务，它拥有一支经验丰富的设计团队，可以根据你的户型特点、生活习惯和审美喜好提供一对一的专业设计方案。

它的家具产品均采用环保材料制作，并且它提供完善的售后服务，确保你享受到高品质、高满意度的定制化家装体验。本直播间与××品牌有深度合作，在直播间预约，可以享有限时免费量房及设计咨询服务！"

4.3.3　配色话题

📖【从产品到话题】

配色话题涉及室内设计、家居装饰等多个领域，如色彩鲜明的沙发套、多彩的墙漆、多色拼接的地毯等。通过这些色彩丰富的商品，主播可以引出一系列关于色彩理论、色彩心理、家居空间配色方案的话题。以下是两个常见话题。

1. 家居空间色彩搭配与情绪影响话题。该话题可以从不同颜色的墙漆、窗帘、家具等出发，讨论色彩在家居环境中的应用及其对居住者心情和生活品质的影响，以及如何根据色彩心理学选择合适的配色方案以营造温馨舒适的家居氛围。

2. 色彩搭配技巧与个性化表达话题。该话题可以从艺术挂画、定制抱枕、特色餐具等带有丰富色彩元素的产品入手，分享色彩搭配的基础原则和创意手法，帮助用户通过巧妙运用色彩来打造个性化的家居空间。

📖【从话题到互动】

1. 家居空间色彩搭配与情绪影响话题

主播："家人们，你们有没有发现，不同的家居配色会给家带来截然不同的感觉？比如淡蓝色墙面让人感到宁静放松，而橙色调则能增加活力感。"

观众："确实，我之前把卧室刷成了淡紫色，晚上睡觉都感觉更香甜了。"

主播："没错！色彩不仅能美化我们的居住空间，更能直接影响我们的情绪和精神状态。在为家居空间选择配色时，我们要充分考虑房间的功能需求和个人喜好，通过合理的色彩搭配，让家既美观又具有良好的心理暗示效果。"

2. 色彩搭配技巧与个性化表达话题

主播："说到色彩搭配，其实它是一门充满趣味的艺术。每个人都可以通过色彩来展现自己独特的个性。比如，一套色彩斑斓的抱枕，就能瞬间点亮整个空间。"

观众："我特别喜欢那种大胆撞色的设计，但总是担心搭不好会显得突兀。"

主播："撞色搭配确实需要一定的技巧，可以遵循对比色法则，比如红与绿、蓝与橙，用大面积的中性色作为背景缓冲，然后以小面积鲜艳色彩作为点缀。例如这款艺术挂画，采用的就是撞色设计，但在画面布局上做了巧妙处理，使得整体既有冲击力又不失和谐美感。另外，这套定制抱枕也运用了撞色元素，可以成为你家中的一抹亮色，展现你的个性。"

📖【从互动到销售】

1. 家居空间色彩搭配与情绪影响话题

观众："主播，我想给孩子的房间重新涂个墙漆，想选个对孩子有益的颜色，你有什么推荐吗？"

主播："非常理解你的心情！这款专门为儿童房设计的无毒环保墙漆就有多种适合孩子成长的颜色，像柔和的淡黄色有助于激发孩子的创造力，而宁静的海蓝色则有利于孩子稳定情绪、安心睡眠。现在购买还有专业设计师提供免费的色彩搭配建议哦！"

2. 色彩搭配技巧与个性化表达话题

观众："主播，我想要一幅既能展示个性又不喧宾夺主的艺术挂画，你有没有什么推荐？"

主播："看我手上这款原创设计的艺术挂画，就是极好的选择。它的色彩组合大胆创新，富有层次感，能够立刻抓住人们的视线。而且，每幅作品都是限量版，极具个性化表达，确保你的家与众不同。现在购买可获得艺术家亲笔签名，更有专业的安装团队上门服务！"

▶▶ 4.4 能源科技话题

4.4.1 双碳低碳话题

📖【从产品到话题】

双碳低碳话题聚焦于与节能减排、绿色环保相关的各类产品，如节能电器、环保材料制品等。通过这些产品，主播可以引出一系列话题，比如在国家"双碳"战略目标的背景下，个人和家庭如何参与低碳生活实践，实行绿色消费，以及如何实现可持续发展的生活方式转变等。以下是两个常见话题。

1. 家庭能源转型与新能源应用话题。该话题可以从太阳能热水器、空气能热泵等新能源设备出发，探讨家庭在日常生活中如何采用新能源技术降低碳排放，实现绿色能源的自给自足，并分享实际案例。

2. 节能减排家电与日常生活话题。该话题可以从节能空调、智能冰箱、高效节水洗衣机等低碳家电着手，强调家用电器的节能性能对减少碳排放的影响，提倡消费者在购买家电时选择能耗低、寿命长、易于回收的产品。

📖【从话题到互动】

1. 家庭能源转型与新能源应用话题

主播："家人们，在环保理念日益深入人心的今天，越来越多的家庭开始寻求更加绿色环保、可持续发展的生活方式，而新能源的应用无疑是我们实现这一目标的重要途径之一。大家说对吗？"

观众："你说得对，我家最近就在考虑怎么减少日常生活中的能源消耗，有没有什么实用又经济的产品推荐呢？"

主播："这位朋友的问题提得非常好，恰好我这里就有这样一款产品能完美契合您的需求，那就是太阳能热水器。它利用无处不在的太阳光能，将光能转化为热能，用于供应我们日常所需的热水，既高效又节能，是家庭能源转型的理想选择。"

2. 节能减排家电与日常生活话题

主播："我们每天都在使用的家电也与'双碳'息息相关。一款高能效的家电产品，不仅能帮你省下可观的电费，还能大大降低碳排放量。比如节能空调、节能冰箱，它们都是低碳生活的必备品。"

观众："是的，我也想换一台节能冰箱，但是市场上的型号太多，该怎么选呢？"

主播："挑选节能冰箱时，首先要看它的能效等级，一级能效的产品最为节能。此外，还要关注冰箱的制冷技术和保温效果，这些都会影响其运行效率和耗电量。我推荐这款××品牌的节能冰箱，它不仅获得了一级能效认证，还采用了先进的变频压缩机和多循环系统，节能的同时保持了良好的保鲜效果。目前正在推出优惠活动，值得你入手。"

📖【从互动到销售】

1. 家庭能源转型与新能源应用话题

观众："太阳能热水器的工作原理是怎样的呢？持久性和稳定性怎么样？"

主播："优秀的太阳能热水器具有良好的保温性能，即使在阴雨天或者夜晚也能保持一定的热水供应。比如我们现在推广的这款太阳能热水器，采用了先进的×××技术，热效率高，使用寿命长，无论从经济效益还是环保效益上来说，都是你家庭能源转型的理想选择。"

主播："而且现在购买还有限时优惠活动哦。如果你感兴趣的话，可以点击屏幕下方的商品链接进行详细了解和购买。让我们一起行动起来，为地球母亲献一份绿色爱心，也为自己的生活增添一些节能环保的舒适享受吧！"

2. 节能减排家电与日常生活话题

观众："听了主播的介绍，我对那款节能冰箱更感兴趣了，想知道它有哪些具体的优惠？"

主播："太好了！这款××品牌的节能冰箱不但本身性能优秀，还有超划

算的价格。现在购买即享直降千元的大额优惠，同时还可叠加使用直播间专属优惠券，进一步节省开支。并且，商家提供全国联保和无忧售后服务，让你买得放心、用得安心！"

4.4.2　节能环保话题

【从产品到话题】

节能环保话题聚焦于节能电器、节水设备、环保材料等各类绿色产品。这些产品可以引出关于节能减排、资源循环利用、低碳生活方式等话题。以下是两个常见话题。

1. 节水环保设施与水资源保护话题。这一话题可由节水型水龙头、节水马桶、雨水收集系统等节水设备引入，强调水资源的重要性，介绍节水产品的技术特点和应用效果，倡导在日常生活中养成节约用水的好习惯。

2. 环保材料制品与循环经济话题。该话题可以从再生塑料家具、竹制家居用品、可降解包装材料等环保材料制品着手，分析环保材料在减少环境污染、促进资源循环利用方面的优势，提倡消费者支持并购买绿色环保的产品。

【从话题到互动】

1. 节水环保设施与水资源保护话题

主播："大家在装修或更换家居设施时，考虑过选用节水产品吗，像是节水马桶或是能有效减少水流失的节水水龙头？"

观众："我家新装了一个节水马桶，不仅冲水量小，还很干净卫生。"

主播："非常好！节水马桶正是我们在日常生活中践行水资源保护的一个实际行动。此外，安装雨水收集系统也是一个值得推广的做法，将雨水用于浇花、冲厕等非饮用水用途，大大减少了对自来水的需求，从而达到节约水资源的目的。"

2. 环保材料制品与循环经济话题

主播："说到环保，各位在选购家居用品时是否关注过产品材质呢？像竹制品、再生塑料家具这类以环保材料制作的产品正逐渐受到消费者的青睐。"

观众："我最近买了一套竹编桌椅，既环保又美观，非常喜欢。"

主播："机智的选择！环保材料制品不仅降低了对自然资源的消耗，也体现了可持续发展的理念。例如这款由再生塑料制成的储物柜，不仅耐用度高，且生产过程中减少了大量废弃物的排放。而使用可降解生物包装材料更是能够减少一次性塑料污染问题，让我们一起用实际行动支持环保事业吧！"

📖【从互动到销售】

1. 节水环保设施与水资源保护话题

观众："主播，我对那个节水马桶挺感兴趣的，请问具体有哪些优惠活动？"

主播："这款××品牌的节水马桶设计先进，不仅冲水量小，而且冲洗效果极佳。目前正值促销期，购买该节水马桶不仅可以享受优惠价格，还能获赠节水水龙头一个，让你的整个卫生间都充满环保元素，赶快下单吧！"

2. 环保材料制品与循环经济话题

观众："主播，我对你提到的那个再生塑料家具很感兴趣，能否详细介绍一下？"

主播："当然可以！这款××品牌的再生塑料家具采用高品质再生塑料原料制成，工艺精湛，外观时尚，且具有很强的耐用性。现在购买该家具，不仅可享受满额立减优惠，还将获得一年质保服务，更有专业设计师提供家居搭配建议，让你轻松打造绿色环保的家居空间！"

4.5 材料质量话题

4.5.1 产品材料话题

【从产品到话题】

产品材料话题关注的是产品的材质及其对环境、健康和使用体验的影响。通过这些具有代表性的产品，主播可以引出关于可持续发展、循环经济、健康生活等多个相关话题。以下是两个常见话题。

1. 可持续材料在家居用品中的应用话题。该话题可以从纯天然乳胶床垫、竹纤维毛巾、生物可降解垃圾袋等产品出发，探讨可持续材料的环保特性、生产过程的低碳足迹以及它们对提升生活质量的影响。

2. 材料选择与人体健康的关联话题。该话题可以从无甲醛板材定制家具、食品级硅胶厨具、天然染料织物床品等入手，讨论不同材料对人体健康的具体影响，引导消费者关注产品材料的安全性，并倡导绿色消费观念。

【从话题到互动】

1. 可持续材料在家居用品中的应用话题

主播："各位朋友，在选择家居用品时，是否考虑过其使用的材料是否环保呢？比如这款由天然乳胶制成的床垫，舒适度极高，来源于可持续发展的橡胶树种植园。"

观众："我之前用过一款竹纤维毛巾，确实感觉比普通棉质毛巾更耐用，也更环保。"

主播："你真厉害！竹纤维是一种可再生资源，生长速度远超棉花，且不需使用大量化肥农药，减少了对环境的压力。同时，竹纤维毛巾还具有抗菌性强、吸湿透气等特点，确实是健康环保的好选择。"

2. 材料选择与人体健康的关联话题

主播："如今，越来越多的人开始关注家居产品材料对人体健康的影响。例如，这款无甲醛板材定制的衣柜，选用天然植物胶黏合，避免了传统人造板释放甲醛的问题。"

观众："我也听说硅胶厨具比较安全，不知道主播有没有推荐的品牌？"

主播："确实如此，食品级硅胶厨具因其耐高温、易清洗、无毒无味等优点受到许多家庭的青睐。这款××品牌的硅胶厨具套装，经过严格的食品安全认证，无论是烹饪还是烘焙都能放心使用。选择这样的健康环保材料，让我们在享受美食的同时，也能保障自己和家人的身体健康。"

【从互动到销售】

1. 可持续材料在家居用品中的应用话题

观众："主播，你刚才提到的那款天然乳胶床垫有优惠吗？"

主播："感谢你的关注！这款天然乳胶床垫目前在我们的直播间有售，它可让你拥有五星级的睡眠体验，而且厂家承诺十年质保，现在下单还有8折优惠和精美赠品，赶快把握机会吧！"

2. 材料选择与人体健康的关联话题

观众："主播，你说的那个无甲醛板材定制衣柜价格如何？"

主播："这款无甲醛板材定制衣柜性价比非常高，因为它不仅选用了优质环保材料，设计上也充分考虑了收纳功能性和空间利用率。直播间目前正在进行满额立减活动，能让你享受到一定的优惠。现在下单就能享受专业设计师为您提供的免费上门量尺设计服务，为你打造专属的健康绿色家居空间。"

4.5.2 产品质量话题

📖【从产品到话题】

产品质量话题关注的是产品的制造工艺、材料品质、安全标准，以及使用寿命等核心问题，如耐磨损的陶瓷餐具、高密度海绵填充的沙发、符合国家安全标准的儿童玩具、长寿命节能灯泡等。通过这些产品的实例，我们可以展开关于如何辨别和选择高质量产品的讨论，并深入探讨质量对消费者权益保护、环境保护，以及企业社会责任的影响。以下是两个常见话题。

1. 优质材料与产品耐用性话题。该话题可以从高品质不锈钢厨具、耐磨防滑地板、全棉高支数床品等产品出发，引导用户了解不同材质对产品性能及使用寿命的影响，强调购买高质量、耐用性强的产品有助于降低重复消费，实现环保节约。

2. 制造工艺与产品质量的关系话题。该话题可以从精密工艺制作的摆件、手工编织的传统工艺品、经多道工序处理的真皮家具等产品入手，分析精湛的制造工艺对提高产品质量的重要性，让消费者理解付出合理价格购买具有优秀工艺的产品是物有所值的。

📖【从话题到互动】

1. 优质材料与产品耐用性话题

主播："大家有没有遇到过买回来的东西很快就坏掉的情况？相信都有吧，其实大部分都是产品材质出了问题。优质材料制成的产品比较耐用，比如这款采用医用级不锈钢材料制作的锅具套装，不仅抗腐蚀、易清洁，而且持久耐用。"

观众："确实是这样，铁锅我不会用，保养麻烦。"

主播："没错，优质的原材料和严谨的生产工艺能够确保产品具备良好的耐用性和稳定性，这也是我们倡导理性消费、注重产品内在价值的原因之一。"

2. 制造工艺与产品质量的关系话题

主播："说到产品质量，制造工艺绝对不能忽视。看看这款由经验丰富的工匠精心打造的手工皮具，每个细节都彰显出匠心独运，这样的产品无论质感还是使用寿命都会远超同类产品。"

观众："我家有个用了好几年的真皮沙发，因为选材和做工精细，至今依然光亮如新。"

主播："正是如此，优秀的制造工艺不仅能提升产品的美观度和舒适度，更能保证其在长期使用中保持良好状态。因此，在考虑性价比的同时，我们也应当充分认识到优良工艺对产品质量的决定性影响。"

【从互动到销售】

1. 优质材料与产品耐用性话题

观众："主播，你刚才提到的那个医用级不锈钢锅具套装听起来不错，我想了解一下具体优惠情况。"

主播："非常感谢你的关注！这款医用级不锈钢锅具套装今天直播间内限时特惠，原价×××元，现只需×××元即可拥有，另外还赠送一套专用清洁工具。下单后享受全国包邮，更有长达五年的质保服务，让你买得安心、用得放心！"

2. 制造工艺与产品质量的关系话题

观众："主播，我很喜欢那个手工皮具，它的设计和工艺看起来都非常棒，请问有什么优惠吗？"

主播："这款手工皮具由于采用了上乘皮革，由资深匠人精制而成，的确是一款不可多得的艺术品级别的实用物件。今天直播间特别推出活动，购买即享9折优惠，并且前50名下单的朋友还将获赠品牌定制的小皮件一个。机会难得，赶快下单吧！"

4.6 技术设计话题

4.6.1 产品技术话题

【从产品到话题】

产品技术话题主要探讨各类产品中所应用的先进技术和创新设计，如智能家电、智能家居安防系统、可穿戴设备、新能源汽车等。通过对这些技术型产品的分析，主播可以引导用户关注产品技术的发展趋势、实际应用效果，以及其对生活质量的提升作用。以下是两个常见话题。

1. 智能化生活与智能家居技术话题。该话题可以从智能音箱、智能照明系统、智能温控设备等产品入手，讨论智能家居技术如何改变我们的日常生活方式，提高生活便利性，并强调智能化产品带来的节能和环保效益。

2. 高科技健康生活产品的话题。该话题可以从智能手环、智能体重秤等产品出发，解析现代科技如何帮助人们更好地管理健康、预防疾病，深入挖掘这些高科技产品在健康管理、个人健身、康复治疗等方面的应用潜力。

【从话题到互动】

1. 智能化生活与智能家居技术话题

主播："各位朋友，你们家里是否已经配备了智能家居产品呢，像是可以通过语音控制的智能音箱或是能自动调节亮度的智能灯泡？"

观众："我最近刚买了个智能扫地机器人，真的很方便！"

主播："没错，智能家居技术将生活便捷度和舒适度提升到了新的高度。智能扫地机器人大大减轻了家务负担，而智能照明系统则可以根据环境和个人需求调整灯光，给你舒适、方便的体验。未来，智能家居技术还将带来更多惊喜，让我们共同期待！"

2.高科技健康生活产品的话题

主播："朋友们，你们平时是如何监测和管理自己的健康的呢？是否使用过智能手环记录运动数据或通过远程医疗设备进行过健康咨询？"

观众："我有戴智能手环的习惯，每天都能看到自己的步数、心率还有睡眠质量，确实很实用。"

主播："非常好！如今的高科技健康产品正逐步走进大众生活，帮助我们更科学地管理健康。智能手环等穿戴设备可以实时监控身体健康指标，提醒我们合理安排作息；而远程医疗设备则打破了地域限制，使优质医疗服务触手可及。选择这类产品，就是选择了更高质量的生活保障。"

📖【从互动到销售】

1.智能化生活与智能家居技术话题

观众："主播，我想给家里装一套智能照明系统，你有什么推荐吗？"

主播："当然，这款××品牌的智能照明套装就非常值得推荐，它支持语音操控、场景模式设置等，并且能够实现灯光亮度和色温的无级调节。限时优惠不容错过哦！"

2.高科技健康生活产品的话题

观众："主播，我正在考虑购买一款智能手环，能否介绍下性价比高的产品？"

主播："这款××品牌的智能手环深受用户好评。它不仅具备心率、血氧、睡眠监测等基础功能，还支持多种运动模式识别和久坐提醒功能。更重要的是，它的电池续航持久，佩戴舒适。现在购买还可享专属优惠，赶紧下单为自己和家人增添一份健康守护吧！"

4.6.2　产品设计话题

📖【从产品到话题】

　　产品设计话题主要围绕产品的外观美学、人体工程学、用户体验等方面展开，如极简风格的家具、符合人体工程学原理的办公椅、人性化的厨房用具等。通过这些设计精良的产品实例，主播可以引导用户关注并探讨产品设计如何影响功能实现、审美价值，以及生活质量等多个层面。以下是两个常见话题。

　　1. 设计美学与生活品质提升话题。该话题可以从简约时尚的家居装饰品、艺术品级别的灯具、极具设计感的餐具等入手，讨论优秀的设计美学如何赋予产品独特的视觉魅力，提升整体空间氛围和生活品质。

　　2. 人体工程学在产品设计中的应用话题。这一话题可借助舒适度高的床垫、具有调节功能的书桌、防滑耐磨且贴合手型的厨刀等产品案例，深入分析人体工程学在产品设计中的重要性，说明其对提高使用效率、减少疲劳、保障健康等方面的积极影响。

📖【从话题到互动】

　　1. 设计美学与生活品质提升话题

　　主播："大家在选择家居产品时，是否也注重过它们的设计美感呢？比如这款极简风格的沙发，它的简洁线条和优雅配色无疑为客厅增添了一份高雅气质。"

　　观众："我就是个颜值控，家里的东西都尽量选设计好看的。"

　　主播："的确，优秀的美学设计能让我们生活的环境更具艺术气息，也能无形中提升我们的幸福感。这款沙发不仅美观大方，而且坐垫填充材料经过精心挑选，兼顾了舒适性和耐用性，真正做到了内外兼修。"

　　2. 人体工程学在产品设计中的应用话题

　　主播："各位朋友，你们有没有因为长时间伏案工作出现颈椎或腰背不适的情况？其实一款好的办公椅就能大大改善这个问题。"

观众："是的，我之前买了一款人体工程学办公椅，确实感觉比普通办公椅坐着舒服多了。"

主播："没错！人体工程学设计确保了办公椅能够根据个人身体结构进行调整，有效分散压力，保护脊椎健康。这款获得多项人体工程学认证的办公椅采用了优质的网布材质，具备多角度调节功能，真正做到舒适办公，健康护航。"

📖【从互动到销售】

1. 设计美学与生活品质提升话题

观众："主播，那个极简风格的沙发看上去真不错，哪里可以买到呢？"

主播："非常感谢你的关注！这款极简风格沙发今天在直播间内有特别优惠，原价××× 元，现在仅需 ×× 元即可拥有。我们承诺全国包邮，并提供专业安装服务。赶紧下单，把美与舒适带回家吧！"

2. 人体工程学在产品设计中的应用话题

观众："主播推荐的人体工程学办公椅听起来很吸引人，能否告诉我具体型号和购买链接？"

主播："当然可以！这款人体工程学办公椅目前正在进行限时促销活动，原价××× 元，现直降 ×× 元，只需 ×× 元。点击屏幕下方购物车图标即可找到商品链接跳转至购买页面，还有更多专享优惠等待你解锁，让舒适办公不再是梦想！"

▶▶ 4.7 安装维修话题

4.7.1 安装服务话题

📖【从产品到话题】

安装服务话题主要关注产品购买后的安装环节，包括但不限于家电产品的上门安装、家具的组装服务、智能家居系统的集成安装等。主播可以通过探讨优质的安装服务对于提升客户满意度、保证产品质量以及体现品牌价值的重要性，引导消费者理解并重视这一环节。以下列举了两个常见话题。

1. 完善的安装服务对用户体验的影响话题。该话题可以从大件家电的上门安装服务入手，如空调、电视、厨卫电器等，分析专业安装团队如何确保设备正确安装、调试并给予正确的使用指导，从而提高用户的生活便利度和满意度。

2. 智能家居系统集成安装的专业性需求话题。该话题可由全屋智能照明系统、家庭安防系统、智能家居控制中心等高科技产品的安装说起，强调技术复杂、专业的集成安装服务对于确保智能家居功能正常运行、有效防止安全隐患，以及最大化利用智能功能的价值。

📖【从话题到互动】

1. 完善的安装服务对用户体验的影响话题

主播："朋友们，在选购家电时，你们是否也考虑过品牌的安装服务质量呢？比如新买的空调能否及时准确地安装到位，技术人员是否会详细讲解使用方法？"

观众："我之前买了一台品牌空调，他们上门安装很准时，师傅还教了我们很多使用和维护知识，感觉非常贴心。"

主播："没错，优质的安装服务不仅能够确保家电产品的正常使用，还能让我们在享受产品的同时，感受到品牌的用心和专业。在本直播间下单的家人们，都可以享受到厂商专业的安装服务哦。"

2. 智能家居系统集成安装的专业性需求话题

主播："随着科技的发展，越来越多的家庭开始尝试智能家居系统。但是，这些高科技产品在安装上往往需要一定的专业知识和技术支持，你们对此有什么看法或经验分享吗？"

观众："我之前装了一套全屋智能系统，找的是厂家认证的专业安装团队，虽然费用稍高一些，但确实避免了很多后续问题。"

主播："说得太对了！智能家居系统的安装确实不是简单的事情，涉及网络配置、设备联动、安全防护等多个方面，因此选择具备专业技术能力的安装团队至关重要。只有这样，才能确保我们的智能家居系统发挥出最大的效能，并且长期稳定运行。"

📖【从互动到销售】

1. 完善的安装服务对用户体验的影响话题

观众："主播，你刚才提到的那个提供优质安装服务的空调品牌具体是哪个？我想了解一下。"

主播："非常感谢你的询问！这款空调来自知名品牌××，它在业内以高质量的产品和完善的安装服务著称。现在直播间内的这款空调正在做活动，你购买后我们会安排专业团队为你上门安装，并提供全程无忧的售后服务。限时优惠中，大家别错过哦！"

2. 智能家居系统集成安装的专业性需求话题

观众："我对智能家居很感兴趣，主播能否介绍一个拥有专业安装服务的智能家居品牌？"

主播："没问题，××品牌的智能家居解决方案非常值得推荐。它拥有一支经验丰富、技术精湛的安装团队，可以根据你家的具体情况提供个性化的系统集成方案。今天直播间推出的智能家居套装不仅包含高品质智能硬件，更包含全套的一站式专业安装服务，助你轻松步入智能生活时代。"

4.7.2　使用维护话题

【从产品到话题】

使用维护话题主要关注消费者在购买和使用各类产品后如何进行有效的保养与维护，以延长产品的使用寿命，确保其性能稳定，例如家用电器的定期清洁、家具的日常护理等。通过讨论正确的使用方法与维护技巧，主播可以帮助用户更好地使用家中的产品，并提升他们对品牌的忠诚度和满意度。以下是两个常见话题。

1. 家用电器科学使用与保养策略话题。该话题可以围绕冰箱、洗衣机、空调等家电设备展开，讨论如何按照说明书正确操作，以及如何定期进行必要的清洗和维护，避免因不当使用出现故障或性能下降。

2. 高端家具保养与翻新话题。这一话题可以从实木家具、皮质沙发、石材台面等高端家居用品出发，介绍专业级的家具保养知识，如不同材质产品的特殊清洁剂选择、季节性护理措施、损伤修复技巧等。

【从话题到互动】

1. 家用电器科学使用与保养策略话题

主播："朋友们，你们知道吗？其实我们的家用电器就像家庭成员一样，需要我们用心呵护哦！比如我们的智能冰箱，不仅要合理摆放食物，还需要定期清理冷凝器上的灰尘。哪位朋友愿意分享一下自己独特的家电保养心得呢？"

观众："我每次做完饭都会顺手擦拭灶具表面，这样不仅美观还能防止油垢堆积。"

主播："非常棒的习惯！这就是我们所说的'预防胜于治疗'的保养理念。保持家电清洁，不仅可以提高其使用效率，还能有效延长它的使用寿命。今天直播间内购买××品牌家用电器的朋友，我们会赠送专业的家用电器保养套装，让你轻松成为家用电器保养达人！"

2. 高端家具保养与翻新话题

主播："家里的真皮沙发、红木家具是不是也像艺术品一样需要精心打理呢？大家有没有尝试过为自己的家具做保养？"

观众："我家的红木家具用了好几年了，我一直按照商家建议定期打蜡保养，确实看起来还很新。"

主播："保养得当的家具确实能历久弥新，焕发新生。那么接下来我要给大家展示一款专为皮革家具设计的保养套组，它含有天然滋润成分，能够滋养皮革，延缓老化。现在下单这款家具保养套组，我们将邀请业内知名保养专家提供一对一在线指导，让你家的皮质家具焕然一新。"

📖【从互动到销售】

1. 家用电器科学使用与保养策略话题

主播："各位朋友，为了让大家更深入地了解并实践家用电器保养，我们特别准备了今天的福利环节——凡是在直播间购买指定产品的朋友，除了享受优惠价格，还将获得由专业人士录制的《家电保养秘籍》视频教程一套，助你轻松掌握家中每款电器的科学保养方法。"

2. 高端家具保养与翻新话题

主播："为了让大家家中的精美家具始终保持最佳状态，我们现在推出了限时抢购活动。购买任意高端家具即可获赠一年的专业上门保养服务，由经验丰富的师傅上门为你量身打造个性化的家具保养方案，同时附赠全套保养工具和专用护理产品，让你在家也能轻松为家具做保养。"

4.7.3 维修服务话题

📖【从产品到话题】

维修服务话题主要探讨各类产品的售后服务体系，包括保修政策、维修流程、技术支持等方面，如家用电器的售后维修服务、家具破损后的修复服务、电子产品故障的检修服务等。通过深入分析和讨论，主播可以帮助消费者了解如何正确利用售后服务保障自身权益，并介绍品牌在维修服务方面的专业性与及时性。以下是两个常见话题。

1. 家电保修期内免费维修服务话题。该话题可以从家电产品购买后出现的小故障入手，解析各大品牌的保修政策，对比不同品牌的保修期限、覆盖范围，以及维修服务质量，提醒消费者合理利用保修服务。

2. 电子产品售后服务及技术支持话题。该话题可以从手机、电脑等电子设备遇到软件问题或硬件故障时的服务响应速度、解决问题的能力，以及售后服务中心的专业度等方面进行探讨，强调高效且专业的售后服务对消费者满意度的影响。

【从话题到互动】

1. 家电保修期内免费维修服务话题

主播："朋友们，你们是否曾经因为家电出现问题而感到困扰？其实只要充分利用好保修服务，这些问题都可以迎刃而解！今天我们就来聊聊那些优秀的家电品牌是如何提供保修期内免费维修服务的。大家有没有在保修期内成功申请过免费维修的经历呢？"

观众："我之前买的冰箱出了一点小问题，厂家很快就派人上门解决了。"

主播："这就是优质保修服务的价值体现。选择一个售后服务完善的品牌，能够让我们在遇到问题时省心又省力。我们直播间合作的××品牌家电就承诺全国联保，保修期内全程无忧，有任何问题只需拨打官方客服电话即可快速解决，而且直播间内购买还能享受延长保修期的特别优惠哦！"

2. 电子产品售后服务及技术支持话题

主播："各位电子产品爱好者们，你们在使用手机、电脑等过程中，是否遭遇过系统崩溃、硬件故障等问题？面对这类问题，高效的售后服务和技术支持至关重要。你们有过难忘的售后体验吗？"

观众："我之前用的一款笔记本电脑出了故障，打售后电话后半小时就有工程师远程协助我处理，非常满意！"

主播："太棒了！优质的售后服务确实能让我们的数字生活更加顺心如意。今天我要推荐的××品牌电子产品，除了拥有强大的性能配置外，其售后服务更是业界标杆。它不仅提供7×24小时在线客服，还有遍布全国的实体售后网点，无论是软件调试还是硬件更换，都能迅速响应并高质量完成。现在购买指定型号电子产品，将额外获得一年延保服务和专属VIP技术支持通道，让你告别后顾之忧！"

📖【从互动到销售】

1. 家电保修期内免费维修服务话题

主播："为了让更多朋友感受到贴心的保修服务，我们现在推出'买家电送延保'活动。购买直播间内的××品牌家电，不仅可以享受原有的保修期，还将额外赠送半年至一年的延保服务，让你的家电享受更长时间的专业呵护！"

2. 电子产品售后服务及技术支持话题

主播："好消息！针对大家对于电子产品售后服务的需求，我们与××品牌达成深度合作。凡是在直播间购买指定款式的电子产品，不仅能享受超值优惠价格，还会获得原厂保修期内的高级会员服务，包括优先级客服、更便捷的维修进度跟踪，以及多渠道的技术支持，确保你能得到最及时、最有效的解决方案！"

4.8 互动话题经典语句

4.8.1 谈家居生活的经典语句

【经典语句1】

把艺术带回家，让生活的每刻都充满温馨与格调。

【经典语句2】

简约而不简单，我们的家居产品，为你打造梦想中的温馨小窝。

【经典语句3】

美好生活无须昂贵，精选家居，让你在点滴之间尽享品质人生。

4.8.2 谈健康环保的经典语句

【经典语句1】

健康是生命的金钥匙，环保则是我们守护这把钥匙的绿色盾牌。

【经典语句2】

与其追求短暂的浮华，不如拥抱长久的健康，让环保家居用品成为你家中那道永不落幕的风景线。

📖【经典语句3】

健康如日之初升，环保似水之长流，两者交相辉映，方能绘就一幅生机盎然、和谐美好的生活画卷。

4.8.3　谈装饰装修的经典语句

📖【经典语句1】

装饰装修，就是把冷冰冰的钢筋水泥转化为温暖人心的家。

📖【经典语句2】

一流的装饰装修，打造一流的居家享受。精致设计，匠心工艺，为你构筑梦想中的生活空间。

📖【经典语句3】

装修不仅仅是改变空间，更是改变生活方式。美好生活，从家开始。

4.8.4　谈能源科技的经典语句

📖【经典语句1】

科技创新的×××，不仅照亮你的家，更照亮人类可持续发展的道路。一键下单，照亮未来！

【经典语句2】

科技赋能，让节能无限可能！

【经典语句3】

智慧能源，科技造就美好生活。在直播间下单，让世界因你而更加绿色、高效！

4.8.5 谈材料质量的经典语句

【经典语句1】

材质不将就，品质才长久。

【经典语句2】

材料如人，质在骨子里。

【经典语句3】

这款产品的创新复合材质，是科技与自然的完美结合，是性能与美感的无缝对接！

▷▷ 4.9　互动话题句式

4.9.1　发起类句式

1. _____（对观众的称呼）们，今天我们还是老规矩，先刷波_____（弹幕内容），让老伙计找找感觉，给新伙伴提提气氛！

2. _____（主播昵称）今天豁出去了，大家下单量达到_____件（下单数量），我直接给大家唱首歌，唱什么你们定！大家赶紧下单，下单了的直接把歌名打到公屏上！

3. _____（对观众的称呼）们，我马上在直播间发起一个投票，看看大家想让_____（主播昵称）先展示哪一样_____（产品名称），大家踊跃参与哦！

4.9.2　答复类句式

1. 想要_____（观众各种诉求）的朋友们，不要着急，咱们的客服团队已经上线了，大家点击商品详情页中的客服，就可以更加细致地去反映你的问题哟！

2. 大家别问还有多少件，能便宜多少了，_____（主播昵称）跟大家说实话，现在货已经不到_____件（储货数量）了，补货至少等5天，今天在直播间的价格也是最低价，后面再上就不是这个价格了！

3. 关心宝贝尺码的_____（对观众的称呼），我们待会会有专门的尺码介绍，到时候你们把尺码发到公屏上，我会给大家一一推荐的，并且稍后还有试穿环节，我们请了几位不同身材模特给大家上身展示！

第 5 章

客户提问该怎么答

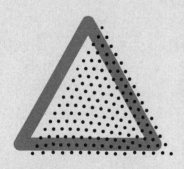

5.1 客户问什么

5.1.1 日用品常见问题

【价格价值类】

1. 直播间里的日用品价格是否是全网最低的？和实体店相比能便宜多少？

2. 这款产品是否有隐藏消费或额外费用，如税费、邮费等？

3. 能否提供购物小票或发票？

【规格款式类】

1. 该产品有哪些规格和尺寸可供选择？

2. 是否有其他颜色或款式可选？

3. 商品的重量是多少？是否便于搬运？

【功能作用类】

1. 这款洗衣液去除顽固污渍的效果怎么样？有没有实验证明？

2. 除了已介绍的使用场景，还有哪些使用场景？

3. 这款产品是否有智能功能或者特殊设计？

【品控质量类】

1. 这款产品的质量如何？是否有保修？

2. 这款产品是否通过了国家相关的质检认证？能否出示证书？

3.产品的保质期有多长？开封后需要多久使用完？

【材质材料类】

1.这款产品的材料是什么？是否对人体安全无害？

2.宣称环保的日用品具体采用了何种环保材料和技术？

3.这款产品的高科技材质体现在何处？与普通同类产品有何区别？

【使用方法类】

1.这款产品的使用方法和注意事项是什么？

2.这款产品的组装步骤是怎样的？

3.这款产品在安装时需要注意哪些细节？是否有配套的安装教程视频？

【购买方式类】

1.链接在哪里？

2.付款支持哪些支付方式？

3.商品是否有限购？偏远地区包邮吗？

【优惠福利类】

1.是否有团购价或批发折扣？

2.直播间专享优惠券如何领取？有限制使用条件吗？

3.买赠活动的具体内容是什么？送的是同款产品还是其他产品？

【附加服务类】

1.是否提供配送服务？费用是多少？

2.是否提供定制服务，比如刻字或图案定制？

3.是否提供开箱验货服务？

【售后服务类】

1. 是否接受退换货？退换货的条件是什么？

2. 如果收到货物发现破损或缺失配件怎么办？

3. 维修费用谁承担？产品出现故障，能够提供备用机或临时解决方案吗？

【平替推荐类】

1. 是否有其他类似的产品推荐？

2. 主播能否推荐一款性价比比较高的替代品？

3. 主播能否根据我的需求（如敏感肌适用、环保要求等）推荐类似功能的平价产品？

5.1.2　家居常见问题

【价格价值类】

1. 这款沙发的直播间售价比实体店优惠多少？

2. 购买贵店家居产品后发现其他平台有更低价格，能否申请保价？

3. 家居产品套装的价格是否可以进一步优惠？如果我购买整套卧室家具会有额外折扣吗？

【规格款式类】

1. 这款电视柜的尺寸是多少？我家的客厅空间是否适合摆放？

2. 床垫的硬度有几个等级可选？主播能否详细介绍不同硬度的区别？

3. 这款衣柜的内部结构有几种设计？能否详细介绍一下？

【功能作用类】

1. 这款电动晾衣架有没有烘干或杀菌功能？

2. 折叠餐桌在展开和收起时的操作是否方便？占用的空间有多大变化？

3. 智能窗帘是否可以通过手机App远程控制，以及是否具有定时开关功能？

【品控质量类】

1. 家具产品的甲醛释放量是否符合国家环保标准？能否出示相关检测报告？

2. 地毯的耐磨性和抗污能力怎么样？日常清洁保养是否便捷？

3. 如何确保购买的家居产品是正品，而非假冒伪劣商品？

【材料质量类】

1. 这款实木餐桌采用的是哪种木材？稳定性如何？容易开裂变形吗？

2. 布艺沙发的面料是什么材质的？是否易褪色、起球或缩水？

3. 卫浴产品的陶瓷部分是否经过高温烧制？耐磨损和抗污渍性能如何？

【使用方法类】

1. 新买的床垫怎样正确铺设才能保持最佳状态？

2. 书柜组装步骤复杂吗？是否配备详细的安装说明书？

3. 电视柜上层能承重多少公斤？能否放置大型音响设备？

【购买方式类】

1. 在直播间下单怎么填写收货地址和联系方式？

2. 是否支持线上预定线下体验，满意后再付款提货服务？

3. 支付过程中遇到问题，比如网络中断，后续如何补缴尾款或重新下单？

【优惠福利类】

1. 加入店铺会员后，购买家居产品是否有积分回馈或专享折扣？

2. 参加直播间的互动活动，有机会获得哪些奖品或优惠券？

3. 是否有定期举办的家居节活动？届时会推出哪些特价促销的爆款产品？

【附加服务类】

1. 大件家具是否提供免费配送和安装服务？

2. 对于特殊需求产生的费用，如楼梯房搬运费、高层吊装费等，是否有减免？

3. 是否提供定制化服务，比如根据户型和风格定制整体家居方案？

【售后服务类】

1. 在运输过程中若出现损坏，商家承诺如何处理并赔偿？

2. 使用一段时间后发现家具存在质量问题，售后期限内如何申请退换货？

3. 家具出现问题，维修师傅上门服务是否免费？

【平替推荐类】

1. 预算有限，能否推荐一款性价比比较高的同类沙发？

2. 对于小户型家庭，能否推荐一些节省空间又实用的多功能家居产品？

3. 对于我这种宠物爱好者，有没有既能满足美观需求又能耐抓耐磨的地毯推荐？

5.1.3 家电常见问题

【价格价值类】

1. 这款电视的官方指导价是多少？在直播间购买能节省多少钱？

2. 空调的能效等级是多少？长期使用下来，省下的电费能否抵消其与高能耗产品之间的差价？

3. 电烤箱的配件是否需要单独购买？全套购入的话总价格会是多少？

📖【规格款式类】

1. 这款冰箱的容量是多少？适合几口之家使用？

2. 电视的屏幕尺寸、分辨率，以及显示技术是怎样的？不同规格的产品观影效果有何差异？

3. 吸尘器有哪些型号、颜色可选？外观设计是否容易融入家居环境？

📖【功能作用类】

1. 电饭煲除了煮饭，还有哪些烹饪模式？

2. 空调是否具备智能温控和睡眠模式？能否通过手机App远程操控？

3. 净水器可以去除哪些污染物？处理后的水质能达到直饮标准吗？

📖【品控质量类】

1. 这款产品通过的安全认证有哪些？

2. 洗衣机的滚筒材料耐用吗？长时间使用后是否会出现生锈或变形？

3. 电视机的面板使用寿命有多长？是否存在烧屏风险？

📖【材料质量类】

1. 电磁炉的面板采用的是什么材质？耐热、耐磨性如何？

2. 扫地机器人的外壳材料是什么？防撞抗摔性能怎么样？

3. 微波炉门体使用的玻璃是哪种类型的？安全性如何？

📖【使用方法类】

1. 新买的电热水壶初次使用前需要做哪些准备？

2. 如何正确使用空气净化器的空气质量检测功能并调整运行模式？

3. 洗碗机如何正确装载餐具以确保洗涤效果最佳？

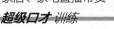
【购买方式类】

1. 是否支持货到付款？分期付款的选项有哪些？

2. 地址、联系方式填错了怎么修改？

3. 错下、多下单后如何处理？

【优惠福利类】

1. 参与直播间互动可以获得哪些奖品或优惠券？

2. 是否有特定节日或活动期间的限时特价？

3. 一次性购买整套家电产品是否有额外折扣？

【附加服务类】

1. 购买空调后，商家能否提供专业的打孔和安装外挂机服务？

2. 对于特殊需求，如偏远地区配送，是否有运费优惠政策？

3. 是否提供旧家电回收服务，并给予相应的抵扣券或现金补贴？

【售后服务类】

1. 家电产品在保修期内出现故障，售后响应速度如何？维修周期大约多久？

2. 家电产品更换主要部件时，能否提供原厂配件？

3. 在使用过程中遇到问题，商家提供电话咨询还是在线客服解答？

【平替推荐类】

1. 我家空间较小，有没有小型但功能齐全的冰箱推荐？

2. 同样功能但不同品牌的产品有什么区别？哪个性价比更高？

3. 我想要一台静音且节能环保的空调，你有什么中低价位的产品供选择吗？

▷▷ 5.2　回答的方法

5.2.1　情景21：说产品的比较优势

📖【日用品】

主播："大家好，欢迎来到直播间！今天我给大家带来一款颠覆你对传统拖把认知的神奇产品——超级耐用、拥有超强洁净力的'一键脱水免手洗拖把'！这款拖把可不一般，跟市面上大多数普通拖把相比，它的优势真是明显到令人惊艳。"

主播："首先，我们来看看它的耐用性。普通的拖把头可能用几次就开始松动、掉毛，甚至变形，而这款拖把采用的是高密度超细纤维材质，经久耐用，即便经过数百次清洗，依旧紧实如新，不易脱落变形。这就意味着，你购买的不仅仅是一款拖把，更是一种长期的清洁保障。"

观众："那清洗方便吗？一般拖把清洗起来挺麻烦的。"

主播："这位朋友问得好，这就是我要说的第二大亮点了。这款拖把具备一键脱水功能，轻松旋转就能快速甩干水分，无须手洗，大大提高了清洁效率和使用体验。再对比一下市面上那些需要手动拧干或者拆洗的拖把，你是不是觉得咱们这款拖把既省时又省力呢？"

主播："所以说，无论是从耐用性还是实用性上来看，这款'一键脱水免手洗拖把'都远胜于市面上其他同类产品。朋友们，错过今天，后悔明天，赶快下单吧。让家务变得更轻松，生活更美好！"

📖【家居】

主播："欢迎各位亲们准时来到直播间！今天我为大家介绍一款集舒适度与设计感于一体的家居新品——智能多功能沙发。这款沙发绝非传统意义上的家

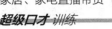

具，而是家居科技的一次全新突破。"

主播："相信许多人都曾有过这样的经历：长时间窝在沙发上之后，感到腰酸背痛，让人难以忍受。然而，智能多功能沙发为这一问题提供了完美的解决方案。它凭借独特的体感识别技术，能够精准感知用户的坐姿与体态，实时进行自动微调。这意味着，无论何时何地，你都能沉浸在极致的坐感之中，尽享舒适与放松。这可比那些普通沙发要强大得多。"

观众："沙发的外观设计如何？"

主播："哇，这位朋友问得真到位！说到外观，这款沙发的外观绝对是一大亮点。它融合了现代艺术与科技的精髓，整体线条优雅且流畅，摒弃烦琐装饰，简约中流露出非凡的美感。更为出色的是，沙发表面选用了创新型环保合成材料，这种材料不仅对环境友好、耐用性强，还拥有神奇的自我修复能力。即便是不慎留下划痕，它也能在短时间内自动复原，始终保持光洁如新。"

【家电】

主播："嗨，亲爱的观众朋友们！今天我带给大家的是一款智能神器——'一键规划，自主导航'的高端智能扫地机器人。这款产品在便捷性与智能化上与市面上其他同类产品相比，绝对是独树一帜、脱颖而出的。"

主播："首先，咱们聊聊方便性。许多普通扫地机器人可能存在乱跑乱撞，清扫效果不均匀的问题。而这款智能扫地机器人采用了最新一代×××技术，可以精准建图，智能规划清扫路径，避免无效重复和遗漏，真正实现高效清洁。这意味着，你可以放心把烦琐的地面清洁工作交给它，省下宝贵时间去做更多自己喜欢的事情！"

观众："那它的智能化程度如何呢？能适应不同的家庭环境吗？"

主播："问得好，这正是我要揭示的另一个亮点所在！这款智能扫地机器人不仅能根据房间布局自动规划清扫路线，而且具备AI智能识别功能，无论是地毯、门槛还是家具底部，都能灵活调整吸力和高度，实现无缝清洁。同时，它支持手机App远程操控，随时随地预约清扫，实时查看清扫进度，甚至还能语音控制，这样的智能化体验，可是市场上很多扫地机器人望尘莫及的。"

主播："所以，无论是在便利性上让你从日常家务中解脱出来，还是在智能化方面带来的科技生活享受，这款高端智能扫地机器人都堪称行业翘楚。亲们，让清洁变得如此轻松简单，让智能改变你的生活，就在此刻，赶快下单吧！"

【本节句式总结】

1. 对比一下市面上那些需要_____（复杂操作/某种劣势）的_____（产品名称），是不是觉得咱们这款_____（产品名称）既_____（某种优势）又_____（某种优势）呢？

2. 它凭借_____（某种独特技术），能够_____（某种独特优势）这可比那些普通的_____（某种产品）要强大得多。

3. 这样的_____体验（某种独特体验），可是市场上很多_____（同类产品名称）_____（一个表示无法比其他产品优秀的词语、成语、句子）。

5.2.2 情景22：让客户自己来选择

【日用品】

观众："主播，你家东西太多了，琳琅满目的，我都不知道怎么选了。"

主播："家人们不用担心，我为大家准备了多种组合套餐，可以满足大家不同的需求。比如，如果你想要清洁卫生类产品，我们有洗衣液、洗手液、消毒液、湿巾等组合；如果你想要美容护肤类产品，我们有面膜、化妆水、乳液、护手霜等组合；如果你想要健康养生类产品，我们有茶叶、蜂蜜、枸杞、红枣等组合。你只需要根据你自己的喜好和需求，来选择你想要的组合套餐，我们会给你最优惠的价格和最快的送货服务。"

【家居】

观众："主播，你今天推荐的这些产品都很漂亮，但是我不知道该怎么搭

配，你能不能给我一些灵感呢？"

主播："家人们不用烦恼，放心地把你的选择困难交给我！如果你想要温馨舒适，我们有毛毯、抱枕、地毯、窗帘等搭配；如果你想要简约时尚，我们有沙发、茶几、挂画、灯具等搭配；如果你想要浪漫温馨，我们有蜡烛、花瓶、香薰、音乐盒等搭配。你只需要根据你自己的喜好和风格，选择你想要的贴心搭配，我们就会给你推荐最合适的尺寸和最精美的包装。"

📖【家电】

观众："主播，你推荐的电视机怎么那么多型号啊，都是一个牌子的，差别大吗？"

主播："非常感谢这位观众朋友的提问，你问得真好！是的，我今天推荐的电视机确实型号众多，但每款都有其独特的定位和优势，都是为了满足不同家庭、不同需求而精心设计的。让我来给你详细解读一下。"

主播："首先，对于追求极致视听体验的朋友，我们有搭载最新4K超高清屏幕和杜比全景声音效系统的旗舰机型，它的画质细腻如真，音效震撼人心；其次，如果你的家里空间有限，或者需要一台适合卧室或书房的小巧型电视机，那么我们的智能迷你系列将是不二之选；再次，针对家庭娱乐中心的需求，我们还有配备大尺寸屏幕并内置游戏模式的大屏智能电视，它的响应速度快，画面流畅无延迟，无论是看电影还是玩游戏，都能带来影院级和沉浸式的游戏体验；最后，对于预算更为谨慎的朋友们，我们也有性价比极高的基础款电视机，虽然价格亲民，但在画质、操作便捷性和智能功能方面都保持了品牌一贯的高品质标准，绝对物超所值！"

📖【本节句式总结】

1. 家人们不用担心，我为大家准备了多种组合套餐，可以满足大家不同的需求。比如你想要_____（某种功能/作用/款式/服务），我们有_____（某种功能/作用/款式/服务）；你想要_____（某种功能/作用/款式/服务），我们有_____（某种功能/作用/款式/服务）。

2. 家人们不用烦恼，放心地把你的选择困难交给我！如果你想要_____（某种功能/作用/款式/服务），我们有_____（某种功能/作用/款式/服务）；如果你想要_____（某种功能/作用/款式/服务），我们有_____（某种功能/作用/款式/服务）。

3. 首先，对于追求_____（某种功能/作用/款式/服务）的朋友，我们有_____（某种功能/作用/款式/服务）；其次，对于追求_____（某种功能/作用/款式/服务）的朋友，我们有_____（某种功能/作用/款式/服务）；再次，对于追求_____（某种功能/作用/款式/服务）的朋友，我们有_____（某种功能/作用/款式/服务）；最后，对于追求_____（某种功能/作用/款式/服务）的朋友，我们有_____（某种功能/作用/款式/服务）。

5.2.3　情景23：讲使用方法时演示

📖【日用品】

主播："大家晚上好！今天我要给大家展示的这款'智能净白守护神'电动牙刷，绝对是你日常口腔护理的超级助手。它的流线型设计令人赞叹。它的外观不仅美观，而且手感舒适细腻。机身采用×××环保材质，不仅耐用还防水，你在淋浴时也能安心使用它。"

观众："真的假的？"

主播："不信是吧，大家看好了！"（主播打开电动牙刷开关，演示不同模式切换。）

主播："先来看一下它的功能亮点，一共有两种清洁模式：轻柔模式适合敏感牙齿，美白模式则能有效去除牙齿表面污渍。我这就给大家现场演示一下。"（主播开始在模型牙齿上模拟刷牙动作。）

主播："瞧见没？这款牙刷的震动频率很高，配合独家声波技术，可以深入牙缝清洁，让污垢无所遁形。更难能可贵的是它的声音特别小，大家都亲耳听

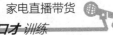

到了，不用担心它会产生噪声！另外，这款牙刷还自带2分钟定时提醒和30秒换区提示，保证全方位清洁不留死角。现在下单还赠送刷头套装，这可是超值福利哦！"

【家居】

主播："亲爱的家人们，接下来我们来揭开这款全新设计的多功能收纳盒！"（主播展示收纳盒的外观和内部设计。）

主播："这款收纳盒选用了高品质环保材质，既坚固耐用又环保。值得一提的是，其分隔设计考虑得十分周到，非常人性化，能够协助我们轻松分类、存储各类小物品，让我们的家居整理工作变得更为简洁和便利。"（主播演示如何打开收纳盒，并展示内部的分隔设计。）

观众："这个收纳盒还有什么特别的地方啊？"

主播："当然有啦！这款收纳盒带有盖子并采用了密封卡扣设计，为你的物品提供双重保护，不仅可以整齐地存放你的物品，而且能够防尘、防潮。在潮湿的季节，你再也不用担心你存放的物品受潮发霉了。而且，它的良好的密封性可以有效防止灰尘进入，保持内部物品的清洁。"（主播指向收纳盒的盖子部分，进行详细解释。）

主播："此外，这款收纳盒的外观设计也极具时尚感，能够轻松融入多样化的家居风格之中。无论是置于书桌上，还是摆放在客厅的柜内，都能成为家居装饰的亮点，实现实用性与美观性的完美结合。"

【家电】

主播："亲爱的烹饪探险家们，今晚我手中的这款'厨房魔术师'多功能电饭煲，即将颠覆你对传统煮食的认知！"（主播轻轻揭开电饭煲的盖子。）

主播："想象一下，这个犹如炼金术士的坩埚般的内胆，采用高科技精铸工艺打造，蓄热性能卓越且热量分布均匀，就像一位有耐心的厨师，确保每粒米都沐浴在适宜的温度中，最终转化为一锅晶莹剔透、香糯可口的大米饭。"

主播："而它绝不仅仅止步于煮饭！（主播指尖轻触面板上的各种模式）瞧

瞧这些五花八门的功能键，一键炖肉煲汤，一键蒸鱼烤鸡，甚至还有蛋糕模式和酸奶功能，仿佛是拥有了一个迷你版的美食星球！"

观众："哇，听起来真的很神奇！那清洗起来是不是很麻烦呢？"

主播："哈哈，这位朋友真是心细如发！别担心，这款电饭煲的设计绝对让你赞不绝口。它的内胆及盖子均可轻松拆卸，每个角落都能清洁到位。而且，它还具备智能预约和自动保温功能，让你无论早晚，都能享受到温度刚刚好的美味。现在，就让我们一起解锁这款无所不能的电饭煲带来的无限烹饪可能吧！"

【本节句式总结】

1.＿＿＿＿＿（产品）一共有＿＿＿＿＿（数量）个/种＿＿＿＿＿（功能/特点/模式）。＿＿＿＿＿（功能/特点/模式）适合＿＿＿＿＿（某种情况）。＿＿＿＿＿（功能/特点/模式）适合＿＿＿＿＿（某种情况）。＿＿＿＿＿（功能/特点/模式）适合＿＿＿＿＿（某种情况）。我这就给大家现场演示一下。

2.这款＿＿＿＿＿（产品）采用＿＿＿＿＿（某种系统/科技/技术），能够＿＿＿＿＿（某种功能）。它还具备＿＿＿＿＿（某种功能）和＿＿＿＿＿（某种功能），让你能享受＿＿＿＿＿（某种体验）。

5.2.4　情景24：材料质量强调重点

【日用品】

主播："亲爱的观众朋友们，今晚给大家带来的是我们生活中的小确幸——超浓缩洗衣液！只需××克，就能洗净全家衣物哦。"

观众："这款洗衣液洗宝宝的衣服安全吗？会不会有残留物质呢？"

主播："你真是太细心了！这款洗衣液成分温和，不添加荧光增白剂和其他有害化学物质，衣物洗后无残留，让宝宝穿上更安心。"

观众："那它的去污能力怎么样？可以对付顽固污渍吗？"

主播："当然可以，这款洗衣液采用生物酶技术，针对各类顽固污渍有着卓越的分解能力，同时不会伤害衣物纤维，真正做到洁净与保护并重！"

【家居】

主播："接下来，让我们一起看看这款充满设计感的北欧风多功能沙发床，白天是舒适的沙发，晚上秒变温馨大床，简直是小户型必备神器！"

观众："沙发床的质量如何？承重能力和使用寿命怎样？"

主播："这款沙发床精选优质实木框架和高密度海绵填充，结实耐用，最高承重可达200公斤，经久使用也不会变形塌陷。其面料耐磨耐脏，正常情况下使用寿命长达10年以上。"

观众："那展开成床的操作复杂吗？一个人能完成吗？"

主播："操作非常简单便捷，它采用了独特的气压杆支撑系统，只需要轻轻一拉就能轻松开合，即便是女士也能单手操作，无须费力哦！"

【家电】

主播："最后为大家呈现的是我们高端系列不锈钢一体成型电热水壶，大家看，这光洁如镜的壶身是由医用级×××不锈钢材质精制而成的。"

观众："这个材质确实看起来很高档，但保温效果怎么样？还有安全性方面呢？"

主播："这款电热水壶选用医用级不锈钢材质，安全卫生级别绝对达标。这种材质不仅导热迅速，而且保温性能优越，能有效保持水温长达数小时。更重要的是，这种材质耐腐蚀、易清洁，长期使用也不会产生有害物质，能守护你全家饮水健康。现在购买，我们将提供一年延长保修服务，并赠送价值百元的水质过滤器一只。机不可失，赶快下单吧，给自己和家人送上一杯健康的纯净热水！"

📖【本节句式总结】

1. 这款_____（产品）特别注重_____（某个方面），不添加_____（某种成分或材料）和_____（某种成分或材料），对_____（某个特殊领域/某种特殊人群）极其友好，_____（某种效果）。

2. 这款_____（产品）精选优质_____（某种材料）和_____（某种材料），不仅可以_____（某项优点），还可以_____（某项能力），经久使用也不会_____（某种后果），正常情况下使用寿命长达_____（时间）年以上。

5.2.5　情景25：附加服务说清费用

📖【日用品】

主播："各位亲们，这款热销的天然有机洗发套装成分温和，对头皮头发零刺激。此外，我们还提供专业护发咨询服务。特别强调一下，这个咨询服务是完全免费的，只要你购买我们的产品并关注官方平台账号，就能享受一对一的专业指导！套装中的深层滋养发膜，日常是单独出售的，但如果你今天下单购买整套产品，我们将免费赠送一支价值50元的发膜，绝对超值！"

观众："那如果产品使用后不满意，可以退换吗？"

主播："当然可以，亲！我们承诺7天无理由退换货，只要保持商品完好无损且不影响二次销售，邮费由我们承担，真正做到让你无忧购物！"

📖【家居】

主播："大家看这款全实木衣柜，采用进口白蜡木制作，环保耐用，自带高级定制感。更重要的是，我们提供全国范围内免费上门安装服务，专业的安装师傅会在你收货后的72小时内与你预约时间上门安装，确保你的新衣柜能快速投入使用。另外，关于保养方面，我们有长达五年的免费维护保养服务，你在需要时联系我们客服即可安排。不过友情提示，人为损坏或非正常使用导致的问题不在

免费保养范围内哦。"

观众："那如果我要加装镜子或者改变内部布局，有没有额外费用呢？"

主播："非常好的问题！对于定制需求，如加装镜子或改变内部布局，我们会根据具体改动进行报价，保证价格透明合理，所有费用会在改造前与你详细沟通确认，绝无隐形消费，请大家放心选购！"

【家电】

主播："接下来为大家展示的这款智能空气净化器拥有强大的净化功能。你购买后我们还为你提供终身滤网更换提醒服务，当滤网需要更换时，系统会自动发送提醒至你的手机App。并且，首次购买机器后一年内，滤网享受半价更换优惠！此外，我们提供两年全国联保，若机器出现非人为故障，保修期内的维修费用全免！"

观众："那如果过了保修期，维修是怎么收费的呢？"

主播："非常感谢你的提问！超过保修期后，维修费用将按照厂商统一标准收取，具体价格会视产品型号及故障情况而定。但请你放心，我们的售后团队会提前告知你预计的维修费用，并在得到你的同意后再进行维修操作，充分保障你的权益。"

【本节句式总结】

1. 特别强调一下，这个_____（某项服务）是完全免费的，只要你购买我们的产品并_____（某项动作，如关注官方平台账号、加群等），就能享受_____（某种优惠/服务）。

2. 我们提供_____（某项服务），专业的_____（服务人员）会在你收货后的_____小时内（时间）与你预约时间，确保你的_____（产品名称）能快速投入使用。另外，关于保养方面，我们有长达_____年（时间）的_____（某项服务），你在需要时联系我们客服即可安排。不过友情提示，_____（某种情况）不在免费保养范围内哦。

3. 我们还为每位顾客提供了_____（某项服务），当_____（某个部件）需要更换时，系统会自动发送提醒至你的手机App。并且，首次购买机器后_____年（时间）内，_____（某项服务）享受_____（优惠情况）优惠！

5.2.6 情景26：个性定制确认需求

📖【日用品】

主播："亲爱的观众朋友们，接下来我带来的是可以个性化定制的纯手工陶瓷马克杯。这款杯子不仅图案和文字可由你自由设计，连杯型和大小都可以根据你的喜好来调整！"

观众："那我想在杯子上印我和我女朋友的名字和一个爱心图案，能实现吗？还有容量方面，我喜欢大一点的，大概500毫升。"

主播："当然可以，亲！你只需在购买时备注好名字、想要的图案样式，以及对容量的需求，我们的专业设计师会按照你的要求进行一对一设计，确保每个细节都符合你的心意。这款定制款马克杯容量范围在300毫升至600毫升，所以500毫升完全没问题。"

📖【家居】

主播："接下来登场的这款定制实木书架，可以根据你的书房空间和个人阅读习惯进行尺寸和层板布局的调整。比如，你可以选择开放式的展示格子，也可以定制带门的封闭式储物柜。"

观众："我家书房的空间比较狭长，需要一个长度约2米，宽度不超过40厘米的书架，而且我希望最下面一层能做成抽屉用来放杂物，可以做到吗？"

主播："完全可以满足你的需求，亲！请提供一下具体尺寸和抽屉的要求，我们会为你量身打造。这款定制实木书架采用环保材质，工艺精湛，无论是功能性还是美观性都能充分考虑。现在预订还可以享受免费上门测量及设计服务，抓紧时间下单吧，让你的书房焕发新生！"

📖【家电】

主播："最后为大家揭晓的是支持个性定制的嵌入式厨房电器套装，包括烤箱、微波炉、洗碗机等。你可以根据橱柜尺寸和烹饪需求选择不同规格的产品，并且面板颜色和材质也能按需定制。"

观众："我家橱柜预留的孔位是宽60厘米、高45厘米的嵌入式烤箱位置，另外，我还希望烤箱的颜色能和我家整体装修风格保持一致，能否定制成高级灰呢？"

主播："太棒了，亲！我们完全能够根据你提供的尺寸制作合适的嵌入式烤箱，并且面板颜色有多种选择，其中就包括时尚百搭的高级灰。下单后，请你务必在备注中详细说明你的尺寸需求和颜色偏好，我们将尽快安排生产与配送，助你打造完美厨房空间。现在下单还赠送配套烘焙工具一套，不要错过这个机会哦！"

📖【本节句式总结】

1. _____（对粉丝昵称）！你只需在购买时备注好_____（备注内容）、_____（备注内容），以及_____（备注内容），我们的专业设计师会按照你的要求进行一对一设计，确保每个细节都符合你的心意。

2. 接下来登场的这款_____（产品名称），可以根据你的_____（使用场所）空间和_____（其他独特要求）进行_____（调整的内容）和_____（调整的内容）的调整。比如，你可以选择_____（某种选择），也可以定制_____（某种选择）。

3. 我们完全能够根据你提供的尺寸制作合适的_____（产品名称），并且_____（颜色/大小/型号）有多种选择，其中就包括_____（比较特殊的颜色/大小/型号）。下单后，请你务必在备注中详细说明你的_____（某种需求）和_____（某种偏好），我们将尽快安排生产与配送，助你打造完美的_____（某种结果）。

▷▷ 5.3 回答的禁忌

5.3.1 夸大自己的产品

夸大自己的产品是指主播在直播带货过程中，为了吸引消费者的注意力和兴趣，故意夸大产品的功能、效果、品质、优势等，甚至编造一些虚假的信息，误导消费者的一种行为。

📖【禁忌示例】

1.主播："这款牙膏含有全球独家研发的美白因子，只需用一次，你的牙齿就能白得像明星的牙齿一样闪亮耀眼，比专业冷光美白效果还要好十倍！"

2.主播："我们的智能床垫采用了NASA太空科技材料，能有效改善睡眠质量，连续睡上一个月，保证你年轻十岁，告别所有身体疲劳和慢性疾病。"

3.主播："这台空气净化器采用的是国际顶尖技术，净化率高达99.999%，无论多严重的雾霾、病毒都能瞬间清除，保护全家远离一切空气污染。"

📖【调整演示】

1.主播："这款牙膏含有××品牌专利美白因子，坚持使用，你的牙齿状态会越来越好，美白效果会非常明显！"

2.主播："我们的智能床垫采用了×××高科技材料，能有效改善睡眠质量，长期使用，可以有效缓解疲劳。"

3.主播："这台空气净化器采用的是行业领先的××技术，经过长期试验与市场检验，其净化率得到了市场认可。"

📖【禁忌词汇总结】

1."独家研发""全球领先""顶尖科技""突破性进展"等过度渲染产品

创新性和独特性的词语。

2. "一次见效""立即见效""效果翻倍""超越专业级"等夸大产品功能或效率的描述。

3. "治愈""根治""根除""告别疾病"等涉及健康效果承诺且超出了产品本身功能定位的表述。

4. "99.999%""瞬间清除""绝对安全""万无一失"等过于绝对化的产品性能宣传。

5.3.2　随意向客户承诺

随意向客户承诺是指在直播带货过程中，主播为了促成交易，随意向消费者做出无法保证或无法实现的承诺，包括但不限于过度保证产品质量、服务保障、价格优势等，这种行为容易误导消费者并可能损害商家信誉。

📖【禁忌示例】

1. 主播："这款电饭煲我亲自试用过，三年内绝对不坏，坏了我直接赔你一个新的！"

2. 主播："今天购买这款沙发的前100名用户，如果发现市面上有比我们更便宜的价格，我私人补给你们差价！"

3. 主播："只要你买了我家的智能门锁，终身免费上门安装和维修，无论何时何地，一个电话立马解决。"

📖【调整演示】

1. 主播："这款电饭煲质量经过严格检测，享有官方提供的两年质保期，在此期间如有质量问题，你可以放心享受售后服务。"

2. 主播："今天购买这款沙发的前100名用户可以享受到我们的限时优惠价，我们承诺会提供具有竞争力的价格，并且支持7天无理由退换货。"

3. 主播："购买本店智能门锁的用户可享有一年免费上门安装及保修服务，同时我们也提供完善的售后服务体系，力求最快为你解决问题。"

【禁忌词汇总结】

1. "绝对""肯定""必定""无论如何"等过于绝对的承诺性词语。
2. "终身免费""无限期保修""永不磨损"等超出正常售后范围的服务承诺。
3. "私人补偿""私下处理"等非正式、非合同约定的个人承诺。
4. "低于市价""市场最低""全网最低价"等未经核实的低价承诺。

5.3.3　帮助客户做选择

主播代替客户做选择是指在直播带货时，主播利用自身影响力或专业知识，直接为消费者决定购买何种产品，忽略了消费者的个人需求和自主决策权。这种行为可能造成消费者购买了并不适合自己的产品，从而损害消费者的权益。

【禁忌示例】

1. 主播："这款洗发水绝对是所有脱发人群的救星，不管你是什么类型的脱发，都必须选它！其他的都不用考虑了。"
2. 主播："如果你家里的装修是现代简约风格的，那就只有这款沙发最适合你，其他品牌和款式都不配你的家！"
3. 主播："不管你们家是几口人，反正这台冰箱就是最好的，别看别的了，下单就对了！"

【调整演示】

1. 主播："这款洗发水针对脱发问题研发，有很好的用户反馈。但每个人的脱发原因不同，我建议你先了解自己的需求，再结合产品特性来做出合适的选择。"

2.主播："这款沙发的设计简洁时尚，非常适合现代简约风格的家庭。当然，你还要根据你家的具体布局、颜色搭配和个人喜好来做决定。"

3.主播："这款冰箱在容量、能效和保鲜技术上表现优秀，对于大多数家庭来说都是一个不错的选择。但在购买前，请大家根据自己家庭的实际人口数量和食物储存习惯来衡量其是否符合需求。"

【禁忌词汇总结】

1. "必须""只能""绝对"等剥夺消费者选择权的指令性词汇。

2. "最合适""唯一选择""最佳方案"等过于主观判断的推荐表述。

3. "不用考虑其他""别看别的了"等强烈暗示消费者忽视其他选项的说法。

第 6 章

客户异议该怎么回

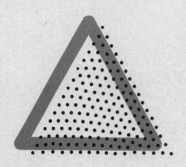

▷ 6.1 直面刁难

6.1.1 情景27：直接否定产品

【日用品】

异议1："我之前用过××品牌的洗发水，感觉清洁力不够强，头发洗完还是油腻腻的。"

主播回答："非常感谢你的反馈。实际上，××品牌的这款洗发水主打的是温和清洁与滋养修复，尤其适合干性和敏感性头皮。如果你是油性头皮，我们推荐你尝试深层清洁系列洗发水，它能有效吸附并清除多余油脂，同时保持头皮健康平衡。"

异议2："听说××品牌的洗发水中含有硅油，长期使用会导致脱发。"

主播回答："××品牌对成分安全非常重视，这款洗发水不含传统意义上的有害硅油，而是采用了新一代护发科技——×××。它可以提供顺滑感而不堵塞毛孔，不会造成脱发困扰。这款洗发水的所有原料均通过了严格的安全检测，请你放心购买。"

【家居】

异议1："××品牌的智能晾衣架价格偏高，我看普通晾衣架也能满足需求。"

主播回答："亲，确实普通晾衣架可以满足基本晾晒功能，但××品牌的智能晾衣架不仅拥有自动升降、UVC杀菌等实用功能，还能在阴雨天或冬季快速烘干衣物，大大提高了生活便利度。长远看，其高效节能的特点，以及减少衣物因晾晒不当造成的损耗，将为你节省更多时间和经济成本。"

异议2："我对××品牌的智能晾衣架的耐用性持怀疑态度。智能设备容易坏。"

主播回答："××品牌的智能晾衣架采用高强度合金材料制成，结构稳固耐用。其内部核心部件经过严格的防水防潮处理，并通过了耐用性测试，能确保长久稳定运行。另外，本店承诺提供两年质保服务，如出现非人为损坏故障，我们将免费为你维修或更换。"

📖【家电】

异议1："我觉得××品牌的扫地机器人清扫效果一般，我家地板缝隙里的灰尘都扫不出来。"

主播回答："××品牌的扫地机器人配备了先进的激光导航系统和多方位旋转刷头设计，能够精准识别家居环境，深入边角缝隙进行深度清扫。针对你提到的问题，建议你可以调整扫地机器人的清扫模式至强力清扫挡位，或者搭配专用的拖地模块使用，相信会让你家中的清洁效果更上一层楼。"

异议2："市面上扫地机器人都差不多，××品牌的价格却高出很多，性价比不高。"

主播回答："××品牌的扫地机器人不仅具备基础清扫功能，还具备智能规划路径、自主避障、手机App远程操控等多项先进功能，让做家务变得更轻松、便捷。此外，我们的电池续航能力更强，使用寿命更长，这意味着在较长的时间内，你无须频繁更换扫地机器人。从长远角度考虑，××品牌扫地机器人的投资回报率是非常高的。"

6.1.2　情景28：直接对比竞品

【日用品】

异议1："我注意到××品牌的洗发水价格更便宜，而且网上评价也很好，为什么我要选择你们家的产品呢？"

主播回答："非常理解你对性价比的关注。确实市面上有些产品在价格上有一定优势，但我家洗发水的优势不单单体现在价格上。我们的深层清洁系列含有专利去油因子，能针对油性头皮提供优秀的清洁效果，这是许多其他产品无法实现的。此外，××品牌注重环保与可持续发展，产品不含有害成分，并通过了严格的国际认证，确保用户使用安全无忧。尽管短期看可能花费稍高一些，但从长期健康和护发效果来看，××品牌带给你的价值将远超其价格。"

异议2："我听说××品牌的服务更好，售后有保障，你们家怎么保证售后服务呢？"

主播回答："我们始终把用户体验放在首位，我们拥有专业客服团队全天候在线，无论是购买咨询还是解决售后问题都能及时得到回复。不仅如此，我们的产品享有业界领先的质保政策。例如，我们的洗发水系列产品若在保质期内出现任何质量问题，都可无条件退换货。同时，我们也为部分高端系列产品提供延长保修服务，确保你购物无忧。虽然市场上某些品牌在个别案例中有良好的服务口碑，但我们也致力于为每位用户提供始终如一、全面周到的售后服务！"

【家居】

异议1："我发现另一个品牌的智能晾衣架比××品牌的价格低不少，且他们声称材质是航空级铝合金。"

主播回答："首先感谢你对其他产品信息的分享。的确，市场上存在不同价位及材质的智能晾衣架。然而，××品牌的智能晾衣架选用的是经过严格检验的高强度航天级合金材料，这种材质在抗变形和承重性能上有着优秀的表现。尽管表面上看其他品牌的价格更低，但××品牌产品在耐用度和功能集成方面更具优势。例如，我们的智能晾衣架搭载了独创的烘干技术以及精准温控系统，能有效保护衣物纤维不受损，这是很多低价位智能晾衣架所不具备的。再者，××品牌提供的不仅是高质量产品，还包括完善的安装服务及两年以上的质保承诺，这无疑为你的购买决策提供了更多一层保障。"

异议2："有的品牌称他们的App控制更加人性化，操作简单易懂，你们能否在这方面进行改进？"

主播回答："对于智能化体验，我们一直走在行业前沿。我们的智能晾衣架同样配备了自主研发的手机App，界面简洁直观，支持一键升降、自定义烘干模式等多种个性化设置。并且，我们持续收集用户反馈并优化升级应用，以确保提供最佳的交互体验。虽然其他品牌可能在某一时期推出较吸引人的新功能，但我们凭借强大的研发实力和技术积累，会不断迭代更新，使用户始终享受与时俱进的便捷操控方式。"

📖 【家电】

异议1："我看别家扫地机器人的配置跟你家的差不多，但售价却低了很多。"

主播回答："我明白你的疑虑，但实际上每款产品的定价都是基于其核心技术和综合性能考虑的。××品牌的扫地机器人在核心技术层面进行了深度创新，比如采用了先进的激光雷达导航搭配×××算法，实现精确建图和规划清扫路径，避免漏扫和重复清扫。这种精确度是部分同配置产品难以达到的。另外，××品牌的扫地机器人具有更长寿命的电池和高品质部件，确保了设备长久稳定运行。考虑到长期使用的效率和维护成本，××品牌的产品性价比实则更高。同时，××品牌还以优质的客户服务和完善售后体系著称，这也无形中增加了产品的附加价值。"

异议2："我看到有的品牌宣传他们的扫地机器人滤网和边刷质量遥遥领先，你们如何回应这种说法？"

主播回答："关于滤网和边刷等易耗配件的质量，××品牌始终坚持高标准、严要求。我们的扫地机器人配备的是高效HEPA过滤系统，能有效去除空气中的污染成分。边刷设计采用了柔韧耐磨材料，既能深入清扫缝隙又不易缠绕头发或纤维。我们深知细节决定成败，××品牌扫地机器人的每处设计都经过精心打磨和测试验证，旨在确保整体清洁效能和使用寿命超越同类产品。当然，为了进一步消除你的顾虑，××品牌的所有产品均提供品质保证，你可以放心购买并亲自体验其性能。"

6.1.3 情景29：给出差的体验

📖 【日用品】

异议1："之前我在你们××品牌购买了一款沐浴露，到货后发现包装破损无法使用，申请换货却被你们拒绝了。"

主播回答："首先我们对你收到破损商品表示诚挚歉意。××品牌承诺所有商品在发货前都会经过严格质检和妥善包装。关于你提到的申请换货被拒绝问题，可能是沟通中出现了误会，我们将立即核查该订单情况，并按照售后服务政策重新处理你的换货请求。如有特殊情况导致无法换货，我们会主动联系你解释具体原因，并提供其他解决方案以弥补你的损失。"

异议2："我上一次购买××品牌的洗衣液时，配送员额外收取了上楼费用，这让我感到很不满。"

主播回答："非常抱歉听到这个消息。根据××品牌官方规定，如无特殊说明，我们的配送服务应当包含免费送货上门，不应有额外收费。对于此次不愉快的经历，我们将核实具体情况，并严肃处理相关责任人。同时，为了表达我们的歉意，我们会为你退还多收的上楼费用，并保证今后不再发生类似事件，努力为你提供更好的购物体验。"

📖 【家居】

异议1："上次买××品牌的智能晾衣架，物流真的太慢了，严重影响了我的安装计划。"

主播回答："十分理解你因物流延误而产生的困扰。××品牌正不断改进物流合作策略，加快货物配送速度。对于你这次经历的延迟，我们深感歉意，并会调查具体原因，提供相应的补偿。同时，我们建议你在下次购买时，可以提前与客服人员沟通，确认预计到货时间，以便更好地规划你的安排。"

异议2："之前从××品牌购买的沙发有问题，申请换货却遭到拒绝，实在让人失望。"

主播回答："很抱歉得知你在申请换货过程中遇到了困难。××品牌始终将客户满意度放在首位，承诺符合退换货条件的商品都能得到妥善处理。针对你提及的问题，请你提供详细信息，我们将立刻复查你的换货申请，如确实存在误判，我们将在第一时间启动换货程序，并对相关人员进行教育指导，避免此类事件再次发生。"

📖 【家电】

异议1："我购买的××品牌电热水壶没用多久就坏了，申请保修你们却说不在保修范围内，这是怎么回事？"

主播回答："很遗憾听到你的电热水壶出现了故障。××品牌的所有家电产品均享有国家规定的三包期限，在此期间内非人为损坏是可以享受免费保修的。针对你的问题，我们将重新审查你的保修申请，如产品确属正常使用下出现问题且在保修期内，我们将及时提供免费维修或更换服务。如若查明属于人为损坏或已超出保修期，我们将给出明确合理的维修方案。"

异议2："我在网上看到很多人说××品牌的电饭煲煮出来的米饭口感不佳，我也遇到了同样的问题。"

主播回答："针对消费者对××品牌电饭煲烹饪效果的质疑，我们高度重视。每款电饭煲在出厂前都会经过多重口感测试，力求达到最佳烹饪效果。不过，由于各地水质、米种及个人口味偏好等因素，实际操作中可能有所差异。请

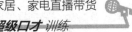
你尝试调整米水比例，以及选择合适的烹饪模式，如你仍有不满，××品牌客户服务专员乐意为你提供个性化的烹饪建议。如确属产品性能问题，我们将按照保修条款为你更换新品或提供相应补偿，致力于保障每位用户的用餐体验。"

▷▷ 6.2　化解异议

6.2.1　情景30：间接化解法

📖【日用品】

异议1："××品牌的洗手液用后皮肤总是感觉干燥，不像别的品牌那样滋润。"

主播回答："非常感谢你对××品牌洗手液的使用体验分享。我们知道每个人的肤质有所不同，对洗手液的感受也会有所差异。我们××品牌的洗手液虽以高效洁净为核心，但也添加了适量的保湿成分，旨在达到清洁与护肤的平衡。或许你可以试试我们专为干性和敏感肌肤打造的温和型洗手液系列，它们特别强化了润肤功效，相信会给你带来不一样的使用感受。同时，也欢迎你随时向我们客服反馈具体的使用情况，我们会尽力提供有针对性的建议。"

异议2："我发现××品牌的沐浴露起泡量不多，怀疑清洁力不足。"

主播回答："感谢你的关注和反馈，××品牌的沐浴露在保证温和洗净的前提下，侧重于舒缓、滋养肌肤。泡沫丰富与否并不直接代表清洁力的强弱，我们的产品注重利用天然成分深层清洁毛孔，同时呵护肌肤屏障。如果你偏好丰富的泡沫体验，我们还有专门研发的泡沫细腻丰富的沐浴露系列供你挑选。你的满意是我们前进的动力，期待你能尝试更多××品牌的不同产品，找到最合适的一款。"

📖【家居】

异议1："××品牌的电动窗帘操作复杂，家里老人、孩子用起来不方便。"

主播回答："非常理解你对电动窗帘简易操作的需求。××品牌电动窗帘的设计初衷是让生活更智能、更便捷。针对你提到的操作复杂问题，我们已在新款产品中加入了更为直观简洁的触摸屏控制器，并兼容语音助手，方便家中不同年龄层成员操作。另外，我们还可提供专业人员上门指导安装和使用，确保每位家庭成员都能轻松掌握。未来，我们会持续优化产品，使其更加人性化。"

异议2："××品牌的智能晾衣架好像不如普通的晾衣架耐用，有点担心使用寿命。"

主播回答："××品牌智能晾衣架在设计之初便兼顾了耐用性与智能化特性。我们选用优质不锈钢材料和精密电机组件，确保产品的稳固性和持久运行。关于你对其使用寿命的担忧，××品牌承诺为智能晾衣架提供长达数年的质保期，并在全国范围内设有专业售后服务网点，一旦发现问题，我们将及时提供维修或更换服务。请你放心使用，××品牌始终致力于提升产品质量与服务体验。"

📖【家电】

异议1："××品牌的空气炸锅清洗起来很麻烦，不太符合我对便捷生活的期待。"

主播回答："非常感谢你对××品牌空气炸锅清洗便捷性的关心。我们的空气炸锅内部采用不粘涂层，并配有分离式炸篮，方便拆卸清洗。同时，我们也在探索开发易于清洁的材料和技术，不断提升产品清洁的便利性。为了帮助你更好地保养和清洗空气炸锅，××品牌官网和社交媒体平台上还提供了全面的清洁保养知识和技巧，欢迎你查阅参考。"

异议2："我看到有人评价××品牌的破壁机噪声比较大，这让我犹豫是否购买。"

主播回答："感谢您对××品牌破壁机的关注。我们在产品研发阶段确实面临噪声控制的挑战，但已采取了一系列降噪技术，如采用隔音材料和优化马达设计，力求在保持强大性能的同时减小运行噪声。尽管如此，不同用户对噪声的感知不尽相同，如果您对此仍有疑虑，我们鼓励您前往实体店铺体验或参考更多用户的真实评价。同时，××品牌也将继续在技术研发上投入，努力打造静音高效的厨房电器。"

6.2.2 情景31：转化化解法

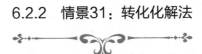

【日用品】

异议1："我之前用××品牌的厨房清洁剂，觉得它的去油效果一般，还没有某品牌的好。"

主播回答："非常感谢你的分享和宝贵意见。确实，市场上不同品牌的厨房清洁剂各有特点，××品牌的产品注重的是配方温和与环保特性，既能有效去除日常油污，又能减少对皮肤及厨具表面的损害。当然，如果你追求更强力的去油效果，我们也有高效去油系列清洁剂，它在保证安全无害的基础上增强了去油性能，你可以尝试一下。同时，××品牌始终倡导健康、环保的生活理念，相信我们的产品能带给你更为全面的家庭清洁体验。"

异议2："我看××品牌的洗洁精价格比别的品牌贵很多，是不是不划算？"

主播回答："亲，××品牌的洗洁精虽然在价格上可能略高于其他品牌，但××品牌坚持使用天然成分和生物降解材料，避免了对环境和人体的潜在危害。而且，我们的洗洁精具有高效的浓缩配方，只需少量就能产生丰富泡沫，实际使用下来性价比极高。为了你和家人的饮食安全，××品牌致力于提供更高品质的产品，让你享受洁净的同时，也守护家人的健康。"

📖【家居】

异议1："我觉得××品牌的电动按摩椅的有些功能太多余，普通按摩椅也能达到放松的效果。"

主播回答："你说得有道理，一款优秀的按摩椅的确应具备基础的放松功能。然而，××品牌的电动按摩椅之所以设计了多种模式和智能调节功能，是希望能够满足不同人群、不同需求下的个性化按摩体验。例如，针对长时间久坐办公族的肩颈疲劳问题，或是运动后肌肉酸痛的恢复需求，不同的按摩手法和力度调整都能发挥重要作用。购买××品牌的按摩椅，其实是为你和家人定制了一位全天候的专业按摩师，让每个人在家就能享受到精准舒适的按摩服务。"

异议2："我看到网上有人说××品牌的按摩椅售后维修很麻烦，万一坏了怎么办？"

主播回答："我们非常重视每位消费者的售后服务体验。关于维修问题，××品牌在全国范围内设有多个授权服务中心，并提供了完善的在线报修系统，一旦产品出现故障，我们会迅速响应并安排专业人员上门检修或更换配件。此外，××品牌按摩椅采用高品质部件制造，出厂前经过严格的质量检测，旨在确保产品的稳定性和耐用性。购买××品牌按摩椅，不仅是一次舒适生活的升级，更是选择了我们全方位、无忧的售后服务保障。"

📖【家电】

异议1："我觉得现在市面上的扫地机器人都差不多，××品牌的价格却偏高，感觉不值这个价钱。"

主播回答："亲，理解你对价格的关注。实际上，××品牌的智能扫地机器人不仅具备基本清扫功能，还搭载了先进的导航避障技术和深度清洁系统，能更精准地识别家庭布局，避免遗漏和重复清扫。另外，我们的产品拥有出色的电池续航能力和智能规划路径算法，工作效率远超同类产品。从长远来看，××品牌扫地机器人能大大节省你的家务时间，使生活更加便捷轻松。因此，尽管初期投入相对较高，但它带来的价值远远超过了价格本身。"

异议2："听说××品牌的扫地机器人很容易坏，我不太敢买。"

主播回答："非常感谢你对我们产品的关注。××品牌一直以严苛的质量标准要求自身，我们的扫地机器人通过了多项质量检测认证，并采用耐磨耐损材质制作。当然，任何电子产品都有可能出现故障的风险，但请你放心，××品牌承诺为所有产品提供较长的质保期和完善的售后服务体系，一旦遇到问题，我们将及时解决，确保你的权益不受损失。同时，我们也鼓励用户关注官方渠道发布的维护保养知识，合理使用和保养产品，这样不仅能延长产品的使用寿命，还能更好地体验到××品牌智能扫地机器人的优越性能。"

6.2.3　情景32：反问化解法

【日用品】

异议1："我觉得××品牌的儿童餐具套装价格有点高，普通的塑料餐具也能用。"

主播回答："亲爱的家长朋友，你是否考虑过，为孩子选择一套高品质的餐具，其实是在投资他们的健康和成长环境呢？××品牌的儿童餐具套装采用食品级不锈钢和环保材质制作，无毒无味、耐热耐磨，能有效避免普通塑料餐具可能存在的安全隐患。而且，其人性化设计有助于培养孩子独立进食的习惯，这难道不是比一次性成本更重要的长期价值吗？"

异议2："我看到××品牌的婴儿湿巾含有多种添加剂，担心对孩子皮肤不好。"

主播回答："亲，你对宝宝肌肤健康的关注值得称赞。××品牌的婴儿湿巾严格遵循婴幼儿安全标准，不含酒精、荧光剂等有害成分，反而添加了天然植物精华，温和不刺激，旨在最大限度地保护宝宝的娇嫩肌肤。我们是否应该更加关注产品成分的安全性和纯净度，而非仅仅依赖于对'添加剂'这一词的固有印象呢？"

📖 【家居】

异议1："××品牌的智能升降桌虽然可以调节高度，但我认为它比传统办公桌贵很多。"

主播回答："确实，从初次购买的角度看，××品牌的智能升降桌可能略高于传统办公桌的价格。但是，你是否想过，一款可以根据工作状态和个人需求自由调整高度的桌子，能够有效预防久坐带来的颈椎病和腰背疼痛问题，并提高工作效率呢？长远来看，投资在健康上的花费，无论多少都是值得的，你说是吗？"

异议2："我对××品牌的智能床头柜的实用性能持保留态度，感觉功能太多余。"

主播回答："非常理解你对于家具实用性的重视。然而，当我们在评价智能床头柜的功能性时，不妨设想一下，一个集合了无线充电、夜灯、USB接口，以及音响等多种功能的产品，是不是能让你的卧室生活更为便利与舒适呢？这样的设计不仅节省空间，更是一步到位满足了现代生活的多元化需求，你难道不觉得它是对传统床头柜的一次革新升级吗？"

📖 【家电】

异议1："××品牌的护眼台灯价格这么高，真的有必要买这种高级的护眼灯吗？"

主播回答："亲，关于这个问题，我们是否应重新审视照明对视力保健的重要性？××品牌的护眼台灯采用了专业防蓝光技术，模拟自然光，能有效减少长时间阅读或学习时眼睛的疲劳感，防止近视加深。为了孩子或是自己的视力健康，这款灯具的价值岂能仅以价格衡量？"

异议2："我看××品牌的空气净化暖风机功能繁多，操作复杂，担心使用起来不方便。"

主播回答："你提到的操作便捷性确实是选购家电产品的重要考量因素。然而，你是否考虑到，××品牌的空气净化暖风机集成了净化空气、制暖、智能温控等多种功能于一体，是为了打造更宜居的生活环境？实际上，该产品配备了一键启动及智能化操控系统，简单易用，真正实现了高效节能、舒适生活的理想状态。你是否愿意亲自体验一下，感受它所带来的全面呵护呢？"

6.2.4　情景33：确认推理法

📖【日用品】

异议1："主播，我之前买的××品牌的护手霜，才用了两个月就感觉效果大不如前，手部皮肤还是干燥脱皮，跟刚买的时候没法比。"

主播回答："非常感谢你对××品牌护手霜的支持，并分享你的使用体验。这款护手霜在上市时是经过严格测试的，具有良好的保湿和修复效果。考虑到你反映的情况，可能是随着季节变化，环境湿度降低或者频繁洗手导致皮肤水分流失加快。另外，请问你是否每天都有规律地涂抹护手霜，并且每次涂抹后是否做了适当的按摩帮助吸收呢？"

异议2："我确实每天都用，也按照说明做了按摩，但就是觉得越来越不滋润了。"

主播回答："明白了，那么有可能是因为随着产品的持续使用，你手部肌肤的状态有所改变，需要加强护理或是调整产品搭配。建议你在干燥季节适当增加涂抹频率，并尝试在晚上睡前使用深层滋养型护手霜，配合适量的手膜或手套进行夜间密集修护。"

异议3："那如果我严格按照你说的方法做，还是一样干燥怎么办？"

主播回答："如果你已经按照推荐方法调整使用习惯但仍感到不满意，我们会进一步分析是否存在其他可能影响因素，如产品批次、存储条件等，并根据实际情况为你提供退换货服务。同时，××品牌也有一系列针对不同肤质和季节需求的护手霜套装，欢迎你了解并选择适合自己的组合，以确保获得最佳的保湿效果。"

📖【家居】

异议1："你们去年推出的折叠沙发床，说是能轻松承重300斤，但我朋友来我家睡了一晚，第二天起床后发现床架有轻微变形，这质量是不是有点差啊？"

主播回答："感谢你对我们折叠沙发床的关注及反馈。这款折叠沙发床设计之初的确是以高标准的承重能力为卖点的。对于你描述的问题，可能原因有两点：一是承重超过了单人最大推荐值；二是使用过程中未将床体展开至稳定状态。请问你的朋友体重是否符合标准，以及使用时是否遵循了正确的展开方式？"

异议2："我朋友也就160斤，而且我们是严格按照说明书操作的。"

主播回答："理解了，如果是这样，可能是床体某个连接部件受力不均或存在微小瑕疵所造成的。请你及时联系我们的售后服务团队，我们会安排专业人员上门检查维修或提供相应配件替换，确保你的购买权益得到保障。同时，我们也鼓励用户定期检查维护家具各连接部位，以延长产品的使用寿命。"

📖【家电】

异议1："去年买的××品牌的智能扫地机器人，刚开始清扫得挺干净，现在老是乱撞，打扫效率明显下降，感觉像是智商掉线了！"

主播回答："谢谢你对××品牌智能扫地机器人的使用反馈。该款产品采用先进的导航技术和智能算法，在正常情况下能够高效完成清洁任务。针对你遇到的问题，首先请确认是否近期家中环境布局有较大变动，比如新增家具或物品阻碍了机器人识别路径？另外，传感器是否积尘严重，影响了其避障功能？"

异议2："家里布局没变，传感器我也清理过了，怎么还是有问题？"

主播回答："了解到你的处理措施，若问题依然存在，可能是软件系统出现故障或地图数据需要重新学习。建议你重启机器人并更新到最新固件版本，然后让机器人重新建立清扫地图。如果以上操作无效，欢迎随时联系我们售后服务中心，我们将为你提供远程诊断或寄送回厂检测维修服务，并根据具体情况给予合理解决方案。"

异议3："我也有问题。去年入手的空气净化器现在净化效果大打折扣，刚

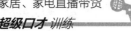
买的时候还好，现在开机半小时家里空气改善都不明显，还这么贵，这不是欺诈消费者吗？"

主播回答："我们非常重视你对我们空气净化器的反馈。该型号净化器搭载高效的过滤系统，在正常使用条件下滤网的使用寿命应远超当前状况。请考虑一下是否最近生活环境中的空气质量显著下降，比如附近有施工、烟尘增多等，导致滤网迅速饱和；或者滤网更换周期是否已经到了官方推荐的期限？"

异议4："我住的地方环境还可以，滤网也是按照推荐的时间换的，怎么突然就不行了？"

主播回答："了解，如果是这样的话，可能是滤网安装过程中出现了密封不严或者选择了非原装滤网导致性能降低。建议你再次确认滤网是否正确安装且为原厂正品。此外，若滤网确实已达更换期，请务必及时更换滤网。若滤网无误且问题依旧，则可能是机器内部传感器需要校准或是其他硬件部件异常。我们将为你提供免费的电话技术支持，并在必要时派遣专业维修人员上门检测，根据国家三包政策保障你的权益。"

6.2.5　情景34：直接承认法

【日用品】

异议1："主播，我之前买的××品牌的洗面奶感觉清洁力度不够，洗完脸还是觉得油腻。"

主播回答："非常感谢你的反馈，对于你在使用××品牌洗面奶过程中遇到的问题，我们深感歉意。我们的产品设计初衷是为满足不同肤质的需求，可能这款洗面奶在温和性上更突出，导致对你油性肌肤的清洁效果不理想。我们会不断优化产品配方以提升清洁力。作为补偿措施，我们将为你提供免费更换更适合你肤质的控油系列洗面奶，并提供专业的护肤指导，确保你有更好的洁面体验。"

异议2："我希望你们能真正改进产品质量，不要只停留在口头承诺上。"

主播回答："你放心，我们十分重视每位用户的体验和反馈，会将此次问题作为重要的内部整改依据，不断提升产品质量和服务水平。同时，我们也会定期跟踪你的使用情况，确保后续提供的产品能满足你的需求。再次感谢你的监督与支持，××品牌将始终致力于提供优质、高效的个人护理产品。"

📖【家居】

异议1："我购买的××品牌的电脑桌，安装后发现桌面有轻微的晃动，稳定性欠佳。"

主播回答："非常感谢你对××品牌电脑桌的关注和反馈。对于你提到的桌面稳定性问题，我们深感歉意。桌面的晃动可能与运输或组装过程中导致的部分连接件松动有关。我们将立即安排专业人员上门检查并免费为你加固修复。同时，我们会加强对产品的出厂质量检测，确保每位用户都能得到稳固、耐用的电脑桌。"

异议2："这样的体验很不好，希望不要再发生了。"

主播回答："你的顾虑我们完全理解，也请你放心，××品牌一直以实际行动践行对产品质量和服务的承诺。针对此次桌面稳定性的不足，我们会及时跟踪处理进展，并在问题解决后与你保持沟通，确保你满意为止。此外，我们也将吸取经验教训，对生产流程进行严格把控，提高整体产品的稳定性和耐用性，为你提供更加优质的电脑桌产品。再次感谢你的宝贵意见和耐心等待，××品牌始终致力于提升用户体验，让每款产品都成为品质与实用性的典范。"

📖【家电】

异议1："××品牌的智能除湿机噪声有点大，影响夜间休息。"

主播回答："非常抱歉给你带来了困扰，我们深知静音环境对睡眠质量的重要性。针对你反映的噪声问题，我们会立刻安排专业人员进行检测分析，如果确实存在问题，我们将为你提供免费维修或换新服务。同时，为了减少未来同类问题的发生，××品牌将会强化生产制造环节的降噪工艺，并在产品设计上更加注重用户体验，力求打造更安静、高效的除湿设备。"

异议2："如果下次还这样，我真的要考虑退货了。"

主播回答："你的意见我们已经收到，并将采取一切必要措施确保问题得到有效解决。××品牌珍视每位消费者的信任和支持，会竭尽全力提升产品质量和售后服务。请放心，我们会持续关注你的使用情况，保证问题得到满意解决。另外，如你有任何其他疑问或不满，欢迎随时与我们联系，我们会第一时间跟进处理，保障你的权益不受损害。"

6.3 异议处理经典语句与句式

6.3.1 日用品异议处理经典语句与句式

【经典语句1】

你们的疑问，是我们进步的阶梯；你们的不满，是产品升级的动力！

【经典语句2】

好日用品，不在价格标签，而在日常使用中显现价值。

【经典语句3】

用过的都说好，口碑就是我们产品的最佳广告语！

【经典语句4】

你的质疑，犹如磨刀石，让我们的产品更加质优、耐用！

【经典语句5】

任何疑虑，都请直言不讳，因为我们坚信，真金不怕火炼，好货不怕检验！

经典句式

（1）_____（对粉丝的称呼），我理解你对_____（某种问题）的担忧，让我详细解释一下我们的_____（产品名称）的特性和优势……

（2）感谢你对_____（某个方面）的提问，这是一个很好的问题。让我来解答一下我们的_____（某项功能、优势）……

（3）我知道你可能对_____（某个方面）有所疑虑，但请允许我介绍我们的_____（产品名称）是如何通过严格的质量检测的……

（4）关于你_____（某种问题）的问题，答案是这样的，我们的_____（产品名称）具有_____（某种特性）的特性，可以满足你的_____（某些需求）……

（5）了解到你可能有_____（某个方面）方面的困难，放心！_____（主播昵称）会马上帮你解决这个问题……

6.3.2　家居异议处理经典语句与句式

【经典语句1】

家居品质，关乎生活点滴；你的一丝不满，是我们改进的契机！

【经典语句2】

用在日常，美在细节，我们的家居用品经得起时光和质疑的双重洗礼。

【经典语句3】

真材实料不怕检验，舒适体验无须多言，好家居产品自己会说话！

📖 【经典语句4】

家的感觉由每个家居小物塑造。你的意见，是我们完善产品的宝贵财富。

📖 【经典语句5】

家居的温馨，源于每处用心，直面异议，我们共同为美好生活提案。

📖 经典句式

（1）非常理解你对_____（质量/功能/特点）的关注，_____（粉丝昵称）。这款_____（产品名称）采用的是_____（材料名称），出厂前都经过了严格的质量检测，并且我们承诺提供官方质保服务。你可以放心购买，有任何质量问题我们都会无条件退换。

（2）有朋友问我们这款床垫和其他品牌的相比有什么优势，在这里我要强调一下，咱们这款床垫采用了_____（某种技术），不仅能_____（某项优势），_____（某种功能），而且_____（某种功能），性价比绝对超群。

（3）我知道大家可能觉得价格有些不美丽，但请大家看看我们今天推荐的这款_____（产品名称）的细节做工和耐用程度，绝对是物有所值。今天直播间还有_____（某种福利）活动，算下来比平时划算很多，错过今天就难有这样的机会了哦！

（4）关于_____（某种问题）与_____（某种问题）的问题，我来给大家吃颗定心丸。我们的合作伙伴是_____（物流公司名称）知名物流公司，保证全国范围内的快速安全配送，并且厂家承诺_____小时（时间）内一件代发，确保你下单后尽快收到心仪的商品。

（5）对于_____（附加服务/售后服务）服务，我们的团队全天候在线，无论是安装指导还是售后维修，只需你一个电话或在线咨询，我们会在第一时间响应并协助解决。如果你对商品不满意，我们也支持_____（服务支持项），请大家安心购物。"

6.3.3 家电异议处理经典语句与句式

📖 【经典语句1】

直面你的疑问，我们用科技实力作答。家用电器，不止于功能，更在于体验。

📖 【经典语句2】

面对异议，我们选择真诚以待，因为信任源自每次实实在在的产品性能展示。

📖 【经典语句3】

无论技术如何革新，以人为本理念始终不变。我们欢迎所有建议，只为打造更贴近你需求的家电产品。

📖 【经典语句4】

从研发到售后，你的每一个疑虑都将成为我们提升品质、优化服务的重要依据。

📖 【经典语句5】

面对用户诉求，我们不回避、不逃避，以真诚和专业解答每个疑问，这是对信任最好的回馈。

📖 经典句式

（1）非常感谢你提出的宝贵意见，关于这款_____（产品名称）产品的功能疑问，让我来详细解释一下。其实它的设计初衷是_____（解释内容），我相信在实际使用中，它会带给你意想不到的便利和舒适体验。

（2）有观众问到_____（某种问题）问题，我明白大家对_____（某个领域，如环保、节能）很关注。这款家电产品获得了_____（认证名称）认证，相比同类产品节能高达_____%（数量），长期使用下来不仅能节省电费，也能让我们为环保尽一份力。

（3）如果你担心_____（某种问题），放心吧_____（对粉丝称呼）！购买后我们会提供免费_____服务，并且附赠详细的_____（说明书/视频/音频），同时我们的售后团队全天候在线，随时为你解决任何安装或使用中的难题。

（4）对于_____（某个方面），我可以负责任地告诉大家，这款_____（产品名称）来自知名品牌_____（品牌名称），出厂前经过严格的质量检测，并享有官方提供的_____年（年限）质保期。如果有任何质量问题，我们承诺_____（某种承诺），请你放心购买。

（5）有朋友提到市场上其他类似产品，确实选择很多，但这款家电的独特之处在于_____（独特之处）。我们的研发团队不断创新，确保它不仅性能出众，而且在未来几年内都能保持技术领先。

第 **7** 章

售后服务该怎么谈

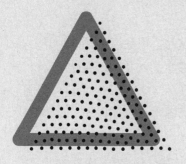

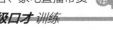
▷▷ 7.1 确认需求

7.1.1 日用品售后服务需求确认与句式

日用品的售后服务需求一般比较低，因为日用品的价格不高，使用期限往往不长，很多消费者在购买时不太关注售后服务的质量和内容。

📖 1. 咨询服务确认

消费者收到日用品后，可能对某些产品的使用方法、独特设计或注意事项不太清楚，这时候就需要售后人员来了解他们的咨询问题，确认他们的咨询需求，并提供专业的解答和指导。

消费者："你们家这款保温杯怎么清洗啊？会不会洗坏？有什么注意事项吗？"

售后："你好，感谢你购买我们的保温杯。我们的保温杯是采用优质的不锈钢和真空隔热技术制成的，清洗时需要注意以下几点。"

售后："保温杯在使用前和使用后，都要用温水或热水冲洗一遍，以去除杯内的异味和污渍。保温杯不要用洗洁精、漂白剂、金属刷等强力清洁剂或工具清洗，以免损坏杯身或杯口的涂层和密封性。"

售后："平时用的时候注意不要装碱性或酸性较强的饮品，以免影响杯内的隔热效果或腐蚀杯身。不要过长时间放置牛奶、奶茶等易变质的饮品，以免滋生细菌或产生较大异味。"

售后："不要经常放在微波炉、烤箱、洗碗机等高温或强电磁场的地方，以免造成变形或损坏。"

售后："你按我说的正常使用就没有问题，请问你还有其他要咨询的问题吗？"

2. 换货、退货服务确认

对于有质量问题的日用品，如果满足换货或退货条件，需要商家提供退换货服务，要确保消费者的退换货服务需求能够及时得到满足，并为消费者提供合理的解决方案。

（1）换货服务句式

消费者："我在你们家买了一件沙发套，刚拆完包裹，发现尺寸不对，颜色也不对，我想换一件，怎么办？"

售后："好的，你需要换货是吗？请问发给你的是什么尺码，是不是跟订单的信息一致呢？"

售后："我查询到咱们仓库给你发出的商品跟订单信息的尺寸和款式是相同的，是不是你下单时选错了尺寸跟颜色啊？"

售后："不过你也不用着急，这种情况咱们也是可以支持换货的，你可以在退换货服务中填写详细需求，我们将为你核实情况，并第一时间为你安排换货发货工作。"

售后："咱们换货时需要商品保持完好无损的状态，不要剪掉吊牌，要求包装完整，不能影响二次销售，将原商品连同退换货申请单一起寄回我们指定的地址。"

售后："如果你在换货的过程中有任何问题或困难，请你及时联系我们的客服，我们将竭诚为您服务。感谢你的信任和支持。"

（2）退货服务句式

消费者："你们家的洗发水我用了之后头发很干，还掉了很多头发！这到底是怎么回事？我要退货！"

售后："你别着急，我们家的洗发水产品都经过了严格的质量检测和安全认证，不会损害你的头发健康！这点你可以绝对放心！"

售后："你现在面临的发干和掉发问题，可能是多种原因导致的，也可能是短期现象。"

售后："你是什么发质呢？头发经常油吗？你多久清洁一次头发呢？有没有搭配其他产品跟我们的洗发水一起使用呢？你最近有没有熬夜呀？"

售后："你可以按我说的情况排查一下，然后继续使用一段时间，也可以在平台上申请退货，我们会尽快为你审核订单，感谢你的理解和支持。"

7.1.2 家居售后服务需求确认与句式

这类产品的售后服务需求一般比较高，因为它们的价格较高，更换周期也较长，更是直接关系到消费者的居住环境和舒适度，所以消费者在购买时会比较关注售后服务的保障和承诺。

📖 1. 送货、安装服务确认

消费者购买了产品后，可能对产品的送货时间、安装方法或保修政策不太清楚，这时候就需要售后人员来了解他们的送货、安装问题，确认他们的送货、安装需求，并安排当地的售后人员提供专业的送货或安装服务。

消费者："你们家这款沙发什么时候能送到啊？需要自己安装吗？有什么保修服务吗？"

售后："我们都会在订单付款后24小时内完成发货，一般来说运输需要2到3天的时间，西部地区的运输时间较长。"

售后："你收到沙发的时间一般是在下单后的3到5个工作日内，具体的送货日期和时间会在发货后通过短信或电话通知你。沙发的安装需要由我们的专业人员来完成，不需要你自己动手，安装费用已经包含在商品的价格中，无须额外支付。"

售后："沙发的保修服务为期一年，在保修期内，如果沙发出现任何质量问题，你可以联系我们的客服，我们会尽快安排维修或更换。保修服务不包括人为损坏、不当使用或自行拆卸等情况。"

售后："你平时用的时候注意不要用锋利的物品划伤沙发表面，也不要用含有漂白剂或腐蚀性的清洁剂擦拭沙发，以免损坏沙发的颜色和质感。"

售后："非常感谢你对我们售后服务的支持与信任，我们会一如既往地为你提供最优质的服务。"

📖 2. 换货、退货服务确认

消费者在购买产品后可能会遇到各种问题，例如尺寸不合适、颜色不满意或者产品存在质量问题等，进而产生退换货需求，这时候就需要专业人员解答与服务。

（1）换货服务句式

消费者："我在你们家买了一个餐桌，但是尺寸不合适，我想换一张小一点的餐桌。"

售后："好的，请告诉我你的订单信息。"

售后："我查询到了你的订单信息。你购买的餐桌尺寸为长120厘米，宽70厘米，你现在需要换一张小尺寸的餐桌是吗？"

消费者："是，我要同款那个小一号的餐桌。"

售后："你不用担心，我们可以为你提供换货服务。请你填写退换货服务申请，并注明您的详细需求，我们会尽快为你处理。"

售后："换货时，请确保原商品的完好无损，并保持原商品的包装完整。餐桌是否已经开始使用呢？有没有外观上的损伤？"

消费者："没有使用，我拿回来往餐厅一放就感觉不合适。"

售后："好的，请将原商品连同发票一起寄回我们的指定地址。仓库验收收货后会第一时间为你发新货。"

售后："如果你在换货过程中遇到任何问题或困难，请及时联系我们的客服，我们将竭诚为你服务。"

（2）退货服务句式

消费者："我买的这个床架质量太差了，我要求退货！"

售后："非常抱歉，给你带来了不好的购物体验。请告诉我具体是哪些质量问题让你不满意？"

消费者："床架的质量不好，很差！"

售后："床架的哪些方面让你觉得质量差呢？是否有出现明显的破损或者断裂？"

消费者："床架下面一边高、一边低，躺上去根本不稳！你们怎么生产的？"

售后："很抱歉，很抱歉，请你提供更多的细节，比如拍张照片或者录个视频，这样我们可以更好地了解问题并为你处理。"

售后："根据你反映的问题，我们可以为你提供免费维修服务或更换有问题的零件。如果需要退货，我们也非常乐意接受，并将全额退还你的货款。"

售后："退货时，请你根据要求选择指定快递服务合作商，并按规定地址发货。我们会进行质量检查，并在确认无误后为你办理退款。"

售后："为了确保你对我们的解决方案满意，我们会进行回访并跟进你的反馈。如果你有任何其他问题或疑虑，请随时与我们联系。"

3. 清洁、维修服务确认

消费者使用了一段时间产品后，可能对某些产品的清洁方法、维修流程或保养技巧不太清楚，这时候就需要售后人员来了解他们的清洁、维修问题，确认他们的清洁、维修需求，并提供专业的建议和服务。

消费者："你们家这款窗帘怎么清洗啊？会不会褪色？有什么保养技巧吗？"

售后："你好，我们这款窗帘是采用优质的棉麻和涤纶制成的，颜色鲜艳持久，不容易褪色，你在清洗和保养时需要注意一些重要事项。"

售后："窗帘的清洗方式有两种，一种是干洗，一种是水洗。"

售后："干洗可以用专业的干洗机或干洗剂来清洗窗帘，这种方式可以更好地保持窗帘的形状和颜色，但是费用较高。"

售后："水洗可以用温水和中性洗涤剂来清洗窗帘，这种方式可以去除窗帘上的灰尘和污渍，但是要注意不要用力搓揉或拧干，以免损坏窗帘的纤维。"

售后："窗帘的维修服务是免费的，如果窗帘出现任何质量问题，如破损、脱线、掉色等，你可以联系我们的客服，我们会尽快安排人员上门维修或更换。人为损坏、不当使用等情况带来的问题不在免费售后维修范围内。"

售后："窗帘的保养技巧主要有三个，一是定期用吸尘器或软刷子清除窗帘上的灰尘，以保持窗帘的清洁和美观。二是尽量避免窗帘长时间暴晒在阳光下，可以使用遮阳材料或布料来保护窗帘，以免造成窗帘的褪色或老化。三是防潮防霉，避免窗帘发霉、产生异味。"

售后："你还有其他需要我为你服务的问题吗？"

7.1.3　家电售后服务需求确认与句式

家电的售后服务需求一般比较复杂，因为家电的种类繁多，功能各异，而且使用频繁，更是直接关系到家庭生活和日常用电的安全，消费者在购买时会比较关注家电售后服务的质量和水平。

📖 1. 送货、安装服务确认

消费者购买了家电后，可能对某些产品的送货时间、安装方法或使用注意事项不太清楚，这时候就需要售后人员来了解他们的送货、安装需求，并提供专业的安排和指导。

消费者："我家在×××，几天能送到？有没有额外的安装费用？"

售后："你好，感谢你选择我们的空调，感谢你对我们的信任。×××属于常规地区，一般下单后3个工作日左右就能送到。"

售后："具体的送货时间会根据你的地址和库存情况进行安排，我们会在送货前一天给你电话确认送货时间和地址，请你保持电话畅通。"

售后："我看到你没有在平台上购买我们的安装服务，这款空调的安装费用是×××元，包括基本的安装材料和人工费用。"

售后："如果你需要额外的、特殊的安装服务，则需要另外收取费用，具体费用会根据实际情况进行计算。"

售后："非常感谢你的咨询，我们会尽快为你送货，确保你满意。期待你再次选择我们，祝您生活愉快！"

2. 换货、退货服务确认

对于家电，消费者在购买后如遇到质量缺陷、产品故障、与期望不符、尺寸不合适、价格差异等问题，他们有很大可能选择退换货服务。

（1）换货服务句式

消费者："我在你们家买了一台冰箱，但到家后发现它噪声太大，我想换一台。"

售后："好的，请告诉我你购买时的订单信息，包括型号、规格和颜色。我为你查询一下。"

售后："我看到你购买的是咱们家的一款静音冰箱，请你向我描述一下它的噪声来自哪个部位，是一直都有噪声吗？还是只在某些时候才会产生噪声？"

消费者："一开机就有，噪声就是冰箱背面那个部位发出来的！"

售后："好的，咱们家这款冰箱是静音冰箱，可能是在运输过程中发生了损坏。请你为我拍摄一段视频，我们会进行问题检查，确定是质量问题我们会为你办理换货。"

售后："非常抱歉给你带来了不便，我们非常重视产品的售后保障，我们会采取一切必要的措施确保类似问题不再发生。"

售后："我们已经同意你的换货申请，请你按照要求将产品寄回指定地址，我们会为您发出一台全新的产品。"

售后："您的反馈对我们非常重要，感谢您抽出宝贵的时间向我们提供宝贵的意见。我们会努力改进，让你满意。"

（2）退货服务句式

消费者："我买的这台电视画面一直闪烁，根本没法看！我要退货！"

售后："非常抱歉给你带来了困扰，我们会立即为你检查并修复电视的问题，确保你满意。"

消费者："我不要维修，我要退货！这才刚买多久！"

售后："你所描述的情况，如果是产品本身的质量问题所导致的，请你放心，我们会承担起相应的责任。"

售后："请你提交一下退货问题的证明资料，可以是照片、视频等信息，我们将根据这些内容进行判断，并及时给你答复。"

售后："经过判定，你的申请符合我们的退货标准，我们会立即为你处理，请你配合我们填写退货申请，我们会第一时间通过，加快退货售后流程。"

售后："为了保障你的权益，请确保电视在退货时处于未损坏的状态，所有配件、包装等都必须齐全。我们会在收到退货后尽快为你处理退款事宜。"

售后："你的满意和信任是我们服务的最大动力，感谢你的耐心与支持，祝你生活愉快！"

📖 3. 维修、保养服务确认

消费者使用了一段时间的家电后，可能遇到某些产品的故障、损坏或性能下降的情况，这时候就需要售后人员来了解他们的维修、保养需求，并提供专业的检测和处理。

消费者："你们家这款洗衣机最近总漏水，而且洗不干净，是怎么回事啊？你们能不能来修一下？"

售后："我们很抱歉给你带来了不便。请你详细描述一下漏水的情况，我们会尽一切努力解决你的问题。"

消费者："就是排水管根部一直漏水！"

售后："洗衣机漏水可能与水管连接不牢、滤网堵塞、排水阀故障等有关。根据你反馈的情况，可能的原因是排水管连接不牢或排水管弯折处破裂。"

售后："你是否能看到明显的裂口呢？"

消费者："能，我看到有明显的折痕，应该是裂开了。"

售后："好的，洗衣机的维修费用一般是根据故障的类型和程度进行收取的，具体费用会在维修人员检测后给你报价。如果你需要更换零件，我们会提供正品的零件，并保证维修后的质量和性能。"

消费者："我这个新洗衣机没用多久，你们不能免费给我修吗？"

售后："我查询到你的这个洗衣机仍处于免费售后服务期内，我们将为你寄发一根新的排水管道，你可以自己更换，也可以选择售后人员上门更换。"

消费者："我选上门更换，我周五有空。"

售后："好的，已经为你预约了售后人员上门服务，请你保持手机畅通。"

售后："你的满意是我们的追求，感谢你的耐心与支持，祝你生活愉快！"

▷▷ 7.2 探究细节

7.2.1 日用品售后服务常见细节与纠纷

📖 1. 日用品售后服务细节

对于日用品，常见的售后服务细节包括补发、调换、使用说明、退换货等，这些服务主要是为了解决消费者在使用过程中遇到的问题。

补发服务：当消费者购买的日用品出现损坏或丢失的情况时，商家会提供补发服务，即重新向消费者发送一份完整的日用品，确保消费者能正常使用。

调换服务：如果消费者对所购买的日用品不满意，或者收到的商品与自己的需求不符，商家会提供调换服务，允许消费者将所购买的日用品换成其他款式或类型的日用品。

使用说明服务：为了帮助消费者正确、安全地使用日用品，商家通常会提供详细的使用说明。这些说明可能以纸质说明书、视频教程或在线指南的形式提供，确保消费者在使用过程中得到充分的指导。

退换货服务：如果消费者对购买的日用品不满意，或者认为商品存在质量问题，商家会提供退换货服务。消费者可以将商品退回商家，并换取新的商品或退款。

2. 日用品售后服务纠纷

日用品售后服务纠纷通常是指在购买日用品后，消费者与商家之间因为商品的质量、性能、维修、退换等方面的问题而产生的分歧和争议。

这些问题可能包括但不限于产品漏装、破损、质量问题、不符合个人需求等，从而引发消费者要求退换货、维修、赔偿等。

退换困难也是一大常见纠纷。对于一些小件日用品，如发现有质量问题，消费者可能遇到商家拒绝退换或者退换流程复杂的情况。

例如，某消费者在某电商平台上购买了一包纸巾，收到商品后发现纸巾包装破损，且有部分纸巾漏装。该消费者联系商家要求退换，但商家以"已拆封使用"为由拒绝退换。消费者认为这是商家的质量问题，要求商家承担责任并解决问题。这就是典型的日用品售后服务纠纷。

解决日用品售后服务纠纷的关键在于加强产品质量控制和提高售后服务质量，同时建立明确的退换货政策和维修流程，以保障消费者的权益。

7.2.2 家居售后服务常见细节与纠纷

1. 家居售后服务细节

对于家居类产品，常见的售后服务细节包括安装、维修、保养、退换货等。

安装服务是售后服务中的重要环节。无论是新购买的家具还是装饰品，正确的安装能够确保其长期稳定的使用。

安装过程中，专业的安装师傅会确保每个细节都得到妥善处理。同时，安装完成后，安装师傅还会对产品进行检查，确保其功能正常。

维修服务是售后服务中不可或缺的一部分。无论是由于使用不当还是产品质量问题，产品在使用过程中可能出现各种问题。专业的维修服务能够快速解决这些问题，延长产品的使用寿命。

维修人员会对产品进行检查，找出问题所在，并进行修复或更换损坏的部

件。同时，维修人员还会提供一些日常维护的建议，帮助用户更好地使用产品。

保养服务能够确保家居用品的长久如新。不同的产品需要不同的保养方式，专业的保养服务会根据产品的特性和使用环境，提供相应的保养建议。通过定期保养，可以延长产品的使用寿命，并保持其良好的外观。

退换货服务是售后服务中保障消费者权益的重要环节。如果用户对购买的产品不满意，或者产品出现质量问题，退换货服务允许用户进行退货或换货。退换货流程应该简单明了，并提供及时的解决方案。

同时，商家也应该确保退换货产品的质量，避免出现退换货产品再次出现问题的情况。

📖 2. 家居售后服务纠纷

家居售后服务纠纷通常是指在购买家居产品后，消费者与商家之间因为商品的质量、性能、维修、退换等方面的问题而产生的分歧和争议。

这些问题可能包括但不限于商品与宣传不符、商品存在瑕疵、商品安装不到位等，从而引发消费者要求退换货、赔偿等要求。

安装问题：定制类家居用品如木门、橱柜等在安装过程中可能出现尺寸不符、安装技术不过关等问题，导致消费者不满。

维修延误：一些产品如家具、灯具等可能出现损坏，但由于维修人员不及时或者维修技术问题，导致维修时间过长，消费者体验不佳。

退换货困难：消费者可能因为对产品的颜色、款式不满意而要求退换，但商家可能以各种理由拒绝，导致消费者维权困难。

例如，某消费者购买了一套橱柜，安装后发现橱柜门无法正常关闭，且安装过程中导致其厨房的瓷砖破损。消费者联系商家要求维修或更换，但商家以各种理由拒绝。这就是典型的家居售后服务纠纷。

某消费者购买了一套餐桌椅，安装后发现桌子高度与椅子高度不匹配，导致用餐时不太舒适。消费者联系商家要求调整或更换，商家派来的安装师傅检查后表示需要更换椅子才能解决问题。消费者希望商家能免费更换，但商家只同意免费调整桌子高度，椅子没有质量问题，若更换则需要消费者重新购买。这也是典型的家居用品售后服务纠纷。

解决家居售后服务纠纷的方法包括协商、投诉、仲裁和诉讼等途径。商家应积极处理消费者的投诉和纠纷，提高自身的售后服务质量，以建立良好的商业信誉和口碑。

7.2.3　家电售后服务常见细节与纠纷

📖 **1. 家电售后服务细节**

对于家电，常见的售后服务细节包括维修、更换配件、退换货、延长保修期等。

维修服务：当家电出现故障或问题时，售后人员通常会提供维修服务。这可能包括检查设备、更换损坏部件、调整设备设置等。对于一些复杂的家电，如冰箱、洗衣机或空调，可能还需要专业的维修人员来进行上门服务。

更换配件服务：如果设备中的某个部件损坏，售后服务可能提供更换配件的服务。这通常需要将设备中的损坏部件拆下，并安装一个新的同型号部件。有时候，如果设备已经停产，售后服务可能提供兼容的替代部件或升级到更新的设备。

退换货服务：如果客户对购买的家电不满意，或者在购买后发现产品存在质量问题，售后服务通常会提供退换货服务。这可能涉及退款、退货、换货等不同的处理方式，具体操作会根据商家的退换货政策而定。

延长保修期服务：为了保障客户的权益，很多商家会提供延长保修期的服务。这意味着在设备的原保修期结束后，客户可以额外支付一定的费用，以获得更长时间的保修服务。这可以确保设备在更长的时间内得到维修和保护，减少因设备故障带来的不便和经济损失。

📖 **2. 家电售后服务纠纷**

家电售后服务纠纷通常是指在购买家电后，消费者与商家之间因为商品的质量、性能、维修、退换等方面的问题而产生的分歧和争议。

这些问题可能包括但不限于家电出现故障、性能问题、安装问题等，从而引发消费者要求退换货、维修、赔偿等。

维修服务不到位：家电出现故障后，售后服务人员可能无法及时响应或者维修技术不过关，导致家电无法正常使用。

配件更换问题：家电维修过程中可能需要更换配件，但消费者可能遇到商家配件供应不足或者配件价格过高的情况。

退换货政策不明确：消费者可能对购买的家电不满意或者产品出现质量问题，但由于商家的退换货政策不明确，导致消费者无法顺利退换货。

例如，某消费者购买了一台空调，使用不到一年就出现了制冷效果不佳的问题。消费者联系商家要求维修，但商家表示需要收取上门检查费和维修费。消费者认为这是质量问题，要求商家免费维修。这就是典型的家电售后服务纠纷。

此外，家电售后服务纠纷还可能涉及一些复杂的问题，例如售后服务收费不透明、上门服务不规范、售后服务态度恶劣等。这些问题可能引发消费者的不满和投诉，进而影响商家的声誉和口碑。

▷▷ 7.3 服务承诺

7.3.1 情景35：标准化承诺与句式

📖 【日用品标准化承诺】

观众："主播，你好，我想问一下你卖的这款牙膏质量怎么样啊？"

主播："亲爱的观众朋友们，首先感谢你们的信任和支持。我可以向你们保证，我们所售商品严格遵守国家相关标准和规定，每件产品的质量都是经过严格检验的，符合标准。"

主播："这款牙膏采用的是天然植物提取物，不含有害成分，对牙齿和口腔健康非常有益。而且，我们采用先进的生产工艺和技术，确保牙膏的品质和口感都达到最佳状态。"

主播："同时，我们也非常重视消费者的反馈和意见，对于任何质量问题或售后问题，我们都将积极处理和解决，确保消费者的权益得到保障。"

主播："所以，亲爱的朋友们，你们可以放心购买这款牙膏，我们有信心提供更好的产品和服务。"

📖【家居标准化承诺】

观众："主播，你好，我想了解一下你们家的这款精品套装礼品餐盘的质量怎么样？"

主播："你好，这款餐盘的质量绝对让你满意。我们承诺所售商品质量符合相关标准和规定。这款餐盘采用的是优质陶瓷材质，经过高温烧制而成，安全无毒，健康环保。"

主播："我们还提供质量保证，如果你在使用过程中发现有任何质量问题，可以随时联系我们，我们将为你提供及时完善的售后服务。"

观众："那你们的发货和物流速度快吗？"

主播："当然了，我们承诺在规定时间内完成商品发货。我们会选择可靠的物流合作伙伴，确保你的餐盘安全快速地送达你的手中。同时，我们也会及时更新物流信息，让你随时了解餐盘的快递运输情况。"

观众："好，我还想问一下，如果餐盘在使用过程中出现了问题，比如稍微碰一下就碎了，你们能给我换新吗？"

主播："我们提供一定期限内的无理由退换货服务，如果你对餐盘不满意，或者出现其他使用问题，可以在规定时间内联系我们进行退换货处理。"

【家电标准化承诺】

观众："主播你好，我想买一款智能吸尘器，但是市面上的品牌和型号太多了，不知道该怎么选。"

主播："你好，我理解你的顾虑。作为家电销售带货主播，我建议你选择我们的智能吸尘器。我们这款吸尘器采用先进的吸尘技术，吸力强劲，能够有效清洁各种地面，包括地毯、硬地板等。"

观众："听起来不错，但是质量可靠吗？"

主播："当然可靠。我们的智能吸尘器经过严格的质量检测和认证，承诺无故障运行。此外，我们还提供一年的质保期，如果出现任何质量问题，可以免费维修或更换。"

观众："那售后服务怎么样？"

主播："我们的售后服务非常完善。你购买后如有任何问题，可以随时联系我们的客服，他们会为你提供专业的解答和帮助。同时，我们还提供7天无理由退换货服务，让你购物无忧。"

观众："听起来不错，但是我还担心吸尘器的续航能力。"

主播："你放心，我们的智能吸尘器采用高性能电池，充电一次续航时间长达×××分钟，足够满足一般家庭清洁需求。而且，我们还提供充电底座，方便你随时为吸尘器充电。"

观众："好的，那我可以放心购买了。"

主播："好的，感谢你的信任和支持。如果你在购买和使用过程中有任何问题，可以随时联系我们。我们承诺为你提供最优质的服务和保障。"

7.3.2 情景36：有条件承诺与句式

【日用品有条件承诺】

观众："主播你好，我想买这款洗衣液，但是我在网上看到有些评论说这款洗衣液洗完衣服后会有残留，我有点担心。"

主播："我明白你的顾虑。对于这款洗衣液，我想给你一个特别的保障。如果在使用过程中，你发现有任何残留的问题，你只需要联系我们，我们会第一时间为你办理退款，并且补偿你的损失。同时，为了帮助你更好地判断是否存在洗衣液残留问题，这款洗衣液在包装内附赠了一份残留物检测试纸，你可以自己检测一下。"

观众："听起来不错，但是我还是担心使用中的问题。"

主播："我理解你的担忧。为了确保你的购物体验，我们特别为这款洗衣液提供了一年的质量保证。如果在一年内出现任何由于洗衣液导致的洗涤问题，你可以随时联系我们，我们会为你提供相应的解决方案。"

观众："听起来非常周到，我会考虑购买这款洗衣液的。"

主播："非常感谢你对我们产品的信任和支持。如果你在使用过程中有任何问题或需要帮助，随时都可以联系我们。祝你生活愉快！"

【家居有条件承诺】

观众："主播，你推荐的这款衣架看起来不错，但会不会容易掉色或者生锈啊？"

主播："亲爱的观众朋友们，大家放心，这款衣架是经过特殊处理的，不会轻易掉色或生锈。但需要注意的是，如果长时间处于潮湿环境或者强酸强碱的地方，可能有一定的影响。"

观众："那如果生锈了怎么办？"

主播："我们这款衣架是有售后保障的。如果在使用过程中出现生锈或者其他质量问题，只要你提供购买凭证，就可以免费为你更换新的衣架。"

观众："这么好！那如果我搬家或者换工作了，需要更换地址，你们能帮我处理吗？"

主播："当然可以！只要你提前告知我们你的新地址，我们就可以帮你把衣架寄送到新的地址。但需要注意的是，由于物流原因，更换地址可能需要额外的时间。"

观众："明白了，谢谢主播！"

主播："不客气，如果你还有其他问题或者需要帮助，随时都可以联系我们。祝你的生活越来越美好！"

【家电有条件承诺】

观众："你好，主播。我想买你推荐的这款冰箱，但是我很担心售后服务。"

主播："我理解你的担心。冰箱的售后服务确实非常重要。"

主播："首先，这款冰箱提供一年的免费保修期，这意味着在一年内如果因为非人为因素导致的产品故障，我们将免费为你维修或更换。"

主播："但是，请注意，这个保修是有条件的。如果是因为使用不当、意外损坏或人为因素造成的故障，我们可能无法提供免费维修服务。"

主播："此外，为了确保你的冰箱能够得到及时的售后服务，请你在购买后保留好相关凭证和发票，并确保你的冰箱在我们指定的维修点进行维修。"

主播："总的来说，我们希望你能够享受到最好的售后服务，但同时也要确保你了解所有的条件和限制。如果你有任何疑问或需要了解更多的信息，请联系我们的客服人员。"

观众："明白了，感觉主播很真诚，我相信你，下单了。"

7.3.3 情景37：特殊需求承诺与句式

【日用品特殊需求承诺】

观众："主播，你好，我想买一款牙膏，你能推荐一款好的吗？"

主播："当然可以！我有一款牙膏，它能调节我们口腔中的环境，平衡酸碱度。它的味道也很好闻。"

观众："听起来不错，它能不能帮助去除口臭？能的话我就买。"

主播："当然！这款牙膏还有一个超强的功能，它可以帮助有效缓解口臭，"

让你的口气保持清新一整天。我相信这是你需要的，因为口腔健康对我们的日常生活非常重要。"

观众："太棒了，听起来确实很适合我。你能保证它的质量吗？"

主播："我推荐的每款产品都是经过严格筛选的，我们确保它的质量和性能都是优秀的。此外，我们还提供一年的质保期，如果你在使用过程中有任何问题，可以随时联系我们。"

观众："太好了，我决定买这款牙膏了。谢谢你主播！"

主播："不客气，祝你使用愉快！如果你有任何问题或建议，都可以随时联系我们。"

📖【家居特殊需求承诺】

观众："我平时睡觉比较怕光，有一点光我就容易睡不着，不知道你们家这个窗帘的遮光效果怎么样啊？"

主播："我们家这款窗帘的遮光效果很好，白天可以达到××%，真正让你'白天懂得夜的黑'！"

主播："早上即使外面阳光很强烈，拉上窗帘后，屋内的光线也非常非常暗，保证让你有个好睡眠！"

主播："如果你在购买后有任何不满意的地方，我们提供无理由退换货服务，让你购物无忧！"

主播："此外，我们还提供免费的安装服务，让你省心省力。所以，亲爱的观众，如果你对遮光效果有要求，这款窗帘绝对是你的不二选择。"

📖【家电特殊需求承诺】

观众："你好，我最近想购买一台洗衣机，但并不是用来洗衣服的，主要是用来洗鞋，你们店里有没有合适的？"

主播："我们这里有一款洗衣机，还真就特别适合你这个需求。"

观众："这款洗衣机是什么牌子的？能不能告诉我一些详细的信息？"

主播："这款洗衣机是×××品牌的，它采用了独特的电机驱动技术，搭配你家里专用的洗涤剂，可以用来清洗鞋上的顽固污渍。此外，它还具有多种洗涤模式和智能控制功能，方便你根据衣物类型和污渍程度进行选择和调整。"

观众："听起来很不错！那如果我买完洗鞋还没用多久就出现了故障怎么办呢？"

主播："我们承诺在购买之日起的一年内提供免费上门维修服务，即使出现故障也不用担心。同时，我们还为你提供专业的售后支持团队，随时解答你的问题和疑虑。"

观众："那如果我需要安装洗衣机，是否提供相关的服务？"

主播："当然！我们提供洗衣机安装服务，并且在购买后的48小时内安排专业人员上门进行安装和调试，确保你能够轻松使用洗衣机。"

观众："听起来非常周到和贴心！我决定购买这款洗衣机了。谢谢你的推荐和解答。"

主播："非常感谢你的支持和信任！如果在购买和使用过程中有任何问题或需要帮助，请随时联系我们，我们将全力以赴，为你提供最满意的服务和支持。祝你购物愉快！"

▷▷ 7.4 纠纷处理

7.4.1 情景38：换货问题的处理

📖【产品存在质量问题】

消费者："你好，我购买了你们公司的剃须刀，但是发现产品存在质量问题，刮不干净，我想要求换货。"

售后："非常抱歉你遇到了这个问题。请你详细描述一下出现的质量问题细节，例如，该产品出现了刀片钝化或者机身有损坏等情况。"

消费者："刀片确实很钝，使用起来感觉就像是在拔胡子一样！完全没有剃净的效果！而且，机身上也有一些刮痕。"

售后："非常抱歉给你带来了不便。根据你描述的情况，这可能是由于刀片磨损或者机身受损导致的。为了更好地解决你的问题，我们可以为你提供以下两种选择：一是为你安排换货，二是为你安排维修。"

消费者："我希望能够换货，因为这款剃须刀我已经用习惯了，我希望能够尽快解决这个问题。"

售后："我非常理解你的需求。为了加快处理速度，我会立即为你登记换货申请。请你提供一下订单号和联系方式，方便我们进行跟踪和处理。"

消费者："订单号是××××××，联系方式是×××××××××××。"

售后："感谢你提供的信息。我已经为你登记了换货申请，并将你的情况反馈给相关部门。在正常情况下，我们会在3个工作日内联系你，并为你安排新的剃须刀的发货和旧剃须刀的退回事宜。如果你有其他问题或者需要进一步帮助，请随时与我联系。"

消费者："好的，谢谢你的帮助。"

售后："不客气，你的满意是我们最大的追求。如有任何需要，请随时联系我们。祝你生活愉快！"

📖【出现尺码、颜色或规格等错误】

消费者："你好，我在你们家购买了一个沙发，但是收到的尺码和颜色跟我下单时选的不一致，我想要换货。"

售后："非常抱歉给你带来不便，我们会尽快处理。请问你能提供订单号或者购买凭证吗？"

消费者："订单号是××××××，我已经将购买凭证上传至售后服务平台了。"

售后："感谢你提供信息，我们已经核实了你的订单信息。由于尺码和颜色

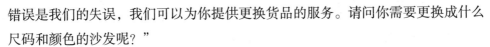

错误是我们的失误，我们可以为你提供更换货品的服务。请问你需要更换成什么尺码和颜色的沙发呢？"

消费者："我需要更换成深灰色的L型沙发，尺寸为长240厘米，宽160厘米。"

售后："好的，我们已经将你的更换请求进行登记，并会尽快为你安排换货的事宜。请问你方便告知我们详细的换货地址、联系人和联系方式吗？"

消费者："我的地址是××××××，联系人是×××，电话是×××××××××××。"

售后："好的，我们已经将你提供的信息记录下来，我们会尽快安排物流公司为你送货上门完成换货服务。"

售后："请你耐心等待，如有任何问题，你可以随时联系我们的售后客服。感谢你对我们的支持，祝你生活愉快！"

📖【出现快递破损或损坏问题】

消费者："你好，我前几天在你们这里买的毛巾收到了，但是发现快递破损了，毛巾也损坏了。"

售后："非常抱歉听到这个消息，这显然是我们工作的失误。请你提供一下订单号，我们好尽快处理你的问题。"

消费者："好的，订单号是××××××。"

售后："非常感谢你的配合。针对这次的问题，我们愿意承担责任并进行赔偿。你看是给你重新发货，还是进行退款处理？"

消费者："重新发货吧，我还是想要那款毛巾。"

售后："好的，我们会立即为你重新发货。这次的运费由我们承担，请你放心。再次为给你带来的不便表示歉意。"

消费者："好的，那麻烦你们了。希望下次能包装得更好一些，避免出现这样的问题。"

售后："非常感谢你的建议，我们会加强物流环节的监管和包装质量，确保每位消费者都能收到满意的产品。再次感谢你的支持和理解。"

7.4.2 情景39：安装问题的处理

📖【消费者不理解安装步骤】

消费者："你好，我购买了你们家的鞋架，但是我不明白安装步骤说明书上是怎么说的，自己装不来。"

售后："你好，很抱歉给你带来了困扰。首先请你不要着急，我们的鞋架安装过程并不复杂。请问你是遇到了哪些具体的安装困难呢？"

消费者："我觉得那些步骤有点烦琐，不太明白怎么操作。"

售后："我明白了，有些客户在初次看说明书时可能觉得步骤比较多。这样吧，我先给你大概解释一下整体的安装流程。我们的鞋架主要是由底盘、立柱和横板组成的。首先，你需要将底盘放置平稳，然后按照说明书的指引，把立柱和横板按照顺序组装起来。"

消费者："哦，这样呀，听起来好像也不是很难。"

售后："是的，其实操作起来会比听起来简单很多。如果你还是觉得有困难，我建议你可以去看看我们的安装视频。商品详情页上有详细的安装视频，你可以跟着视频一步步操作。"

消费者："好的，那我先去试试看。如果还是不行的话，再联系你们可以吗？"

售后："当然可以，我们的售后服务是全天候的。如果你在安装过程中遇到任何问题，随时都可以联系我们。我们会尽力为你提供帮助。"

消费者："非常感谢你们的服务，我会尽力去安装的。"

售后："不客气，祝你顺利完成安装，享受我们的产品带来的便利。如果你有任何其他问题，欢迎随时向我们咨询。"

📖【消费者说没有安装工具】

消费者："你好，我购买了一辆自行车，但是发现没有附带安装工具，导致

我无法完成安装。请问该怎么解决？"

售后："非常抱歉给你带来不便。首先，感谢你购买我们的自行车。关于缺少安装工具的问题，我们确实会提供一套标准的工具来配合自行车的安装。很抱歉出现了配送错误或遗漏。请你提供一下订单号，我们将尽快为你解决。"

消费者："订单号是×××××，希望能尽快解决这个问题。"

售后："好的，感谢你提供订单号。我们会立即为你查询相关信息并尽快解决。在此期间，你可以先检查一下自行车包装盒内是否有其他隐藏的安装工具。有时候工具可能被放在别的位置或被遗漏掉。如果没有找到，请你耐心等待，我们会尽快重新配送一套安装工具给你。"

消费者："好的，我会再检查一下包装盒。如果还是没有找到，希望能尽快给我寄送一套安装工具。"

售后："非常感谢你的理解和配合。我们会尽快处理你的请求，并尽快为你寄送一套安装工具。请你提供一下你的详细收货地址和联系方式，以便我们能够准确无误地将工具寄送给你。"

消费者："我的收货地址是×××街道×××号，联系电话是×××××××××××。"

售后："好的，已经记录下你的地址和联系电话。我们会尽快处理并安排寄送，预计在3个工作日内你就能收到新的安装工具。如果有其他问题或疑问，请随时与我们联系。谢谢你对我们产品的支持！"

消费者："好，期待能尽快收到安装工具，完成自行车的安装。"

售后："非常感谢你的理解和耐心。我们一定会尽快处理并尽快为你寄送安装工具。如有任何进展或需要进一步帮助，请随时与我们联系。祝你使用愉快！"

📖【消费者说装不上、装不好】

消费者："你好，我在你们直播间购买了衣柜，但是怎么都装不上、装不好，很难装。"

售后："非常抱歉给你带来了困扰。你不要着急，我们会尽力帮助您解决这个问题。请问你在安装时遇到了哪些具体困难呢？"

消费者："我是按照说明书上的步骤安装的，但是有些地方很难对齐，有些螺丝也拧不上去。"

售后："谢谢你的详细描述。根据你的反馈，该情况可能是由于零部件的加工精度、安装方法或工具使用不当等原因导致的。请您提供订单号和衣柜的型号，我们将尽快为你处理。"

消费者："型号是×××，订单号是××××××。"

售后："好的，非常感谢你提供的信息。根据你的情况，我建议你首先检查衣柜的安装说明书，确保你的安装步骤正确。如果还是无法解决问题，我建议你联系我们公司的安装服务，我们会派遣专业的安装师傅为你提供上门安装服务。"

消费者："安装服务需要额外收费吗？"

售后："如果是由于产品本身的质量问题导致的安装困难，我们可以为你提供免费安装服务。如果是因为你的使用出现的问题，可能需要收取一定的费用。具体费用标准需要根据你的情况而定，我们会根据你的需求和情况给出合理的报价。"

消费者："好的，那我怎么联系安装服务呢？"

售后："你可以通过我们的官方网站或者客服电话联系我们的安装服务部门，我们会尽快为你安排安装师傅上门服务。同时，为了避免类似问题的再次发生，我们建议你在购买衣柜时选择我们的免费安装服务，这样可以确保衣柜的正确安装和正常使用。"

消费者："好的，谢谢你的帮助。"

售后："不客气，如果你还有其他问题或需要帮助，请随时联系我们。祝你生活愉快！"

7.4.3 情景40：维修问题的处理

📖【产品存在质量缺陷】

消费者："你好，我购买了一款装饰屏风，但是发现它存在质量缺陷，我想要求维修。"

售后："你好，很抱歉听到您的问题。你能具体说明一下这款装饰屏风存在哪些质量缺陷吗？"

消费者："装饰屏风上的木制花纹有些地方脱落了，并且在安装后发现屏风的支架有点松动，不太稳固。"

售后："非常抱歉给您带来不便，我们会尽快解决这个问题。关于花纹脱落的问题，我们可以提供替换的花纹板给你，你可以将其更换上去。至于支架松动的问题，我们建议你在使用前检查一下螺丝是否紧固，如果仍然存在问题，我们可以为你更换更牢固的支架以确保稳定性。"

消费者："那请问我应该如何获取这些替换花纹板和更牢固的支架呢？"

售后："你可以提供一下你的订单号和联系方式，我们会安排售后人员给你寄送这些配件，并提供详细的更换指导。"

消费者："好的，我知道了。我的订单号是××××××，联系方式是×××××××××××。"

售后："好的，我们已经记录了你的订单号和联系方式。我们会尽快为你安排发货，并将快递信息发送给你。如果在更换过程中有任何问题，请你随时联系我们的客服团队，我们将竭诚为你服务。"

消费者："感谢你的帮助和耐心解答！我期待着尽快解决这个问题。"

售后："不客气，感谢你的理解与支持。你如果还有其他问题需要帮助，请随时与我们联系。祝你生活愉快！"

📖【非人为损坏】

消费者：“我购买了一款吊灯，但突然之间它就不亮了，而且没有人碰过它。我需要售后人员来修理它。”

售后：“非常抱歉听到你的问题。请你确认是否已经检查过灯泡是否松动或者烧坏了？这是导致灯不亮的常见原因之一。”

消费者：“是的，我已经检查过了，灯泡没有松动也没有烧坏。”

售后：“感谢你的反馈。在这种情况下，我们可以先尝试多开几次吊灯开关。请你找到灯具上的电源开关，将开关关闭，等待几分钟后再重新打开开关。如此重复几次，有时候这样就可以解决一些临时的故障。”

消费者：“好的，我会尝试一下。稍等片刻。”

（经过几分钟）

消费者：“我刚刚按照你的建议重复打开了开关，但是吊灯还是不亮。”

售后：“非常抱歉听到这个结果。既然这个方法没有解决问题，那么可能存在其他故障。为了进一步诊断问题，我建议你先检查一下吊灯所连接的电路是否正常，以及电源插座是否有电。”

消费者：“好的，我会检查一下。”

（经过一段时间）

消费者：“我已经检查了电路和电源插座，都没有问题。吊灯还是不亮。”

售后：“非常抱歉给你带来不便。根据你的描述，吊灯可能存在内部故障。为了进一步解决问题，我建议你提供购买凭证和详细的故障描述，我们将为你安排专业的维修人员上门进行维修。”

消费者：“好的，谢谢你的帮助。”

售后：“不客气，我们会尽快安排维修人员为你解决问题。如果你还有其他疑问或需要任何帮助，请随时与我们联系。祝你生活愉快！”

📖【使用不当、操作失误等人为损坏】

消费者：“你好，我家的电动晾衣杆坏了，现在无法升降了。”

售后：“你好，很抱歉听到这个消息。请你先不要着急，我们会尽快为你解决问题。请问你的晾衣杆出现了什么具体的情况呢？是有异响还是完全不能动弹了？"

消费者："完全不能动弹了，我们家小孩吊着玩了一下就坏了。"

售后："根据你的描述，由于你孩子的行为导致晾衣杆无法升降，这可能涉及人为因素。根据我们的收费标准，对于非人为因素引起的故障，我们会免费提供维修服务。"

售后："但对于这种情况，我们可能需要收取一定的维修费用。我们会派专业的维修人员上门检查并修复问题，具体费用会根据实际维修情况来确定。我们会尽快为你解决问题，请你放心。"

消费者："那这个费用大概是多少呢？"

售后："很抱歉，由于我们不清楚具体的问题所在，无法确定确切的费用。"

售后："但是请放心，我们会提供透明的费用清单，并且会在维修完成后与你确认费用。如果你对费用有任何疑问或需要进一步了解，请随时告诉我。"

消费者："好的，那你们什么时候能上门维修呢？"

售后："通常情况下，我们会在24小时内为你安排维修人员上门检查。但是由于你这边的情况比较紧急，我们会优先处理你的情况，尽可能快地将问题解决。请您放心，我们会尽最大的努力为你提供优质的服务。"

消费者："好的，那麻烦你们尽快处理。"

售后："非常感谢你的理解和配合。我们会尽快为你解决问题。如果你还有其他问题或者需要帮助，请随时联系我们。祝你生活愉快！"

7.4.4　情景41：退货问题的处理

【产品存在质量问题】

消费者："我买的懒人沙发质量有问题，坐垫填充物下沉得厉害，才用了不到3个月就变成这样了，我要申请退货。"

售后："你好，非常抱歉听到你遇到的问题。我先跟你核实一下订单信息，确保您是我们的客户。请问你的订单编号是多少？"

消费者："订单编号是××××××。"

售后："好的，订单已核实。接下来我会了解你的具体问题。请问你发现沙发坐垫下沉是在购买后多久？"

消费者："大概3个月吧。"

售后："好的，你能否详细描述一下坐垫下沉的情况？比如下沉的程度、是否影响到舒适度等。"

消费者："坐垫下沉得挺厉害的，现在坐上去没有以前那么舒服了，感觉里面的填充物都压实了。"

售后："非常感谢你的详细描述，这对我们解决问题很有帮助。请你全方位拍摄一下沙发的样子，将视频发给我们，我们会检查填充物的状况，并确定修复或更换的方案。如果问题确实比较严重，我们可以为你提供退货服务。"

消费者："好的，那我需要支付运费吗？"

售后："如果是质量问题导致的退货，根据我们的售后服务政策，运费是由我们承担的。我们会安排快递员上门取件，你只需在家等待即可。"

消费者："那太好了，那就请你们尽快帮我处理吧。"

售后："非常感谢你的理解和配合。我们会尽快为你安排服务。在处理期间，如果你有任何其他问题或需要进一步的协助，请随时联系我们。祝你生活愉快！"

📖【消费者个人原因无理由退货】

消费者："你好，面包机我收到了，但我不太喜欢，能退货吗？"

售后："你好，非常抱歉给你带来了不好的购物体验。我们的产品是支持无理由退货的，请你提供一下你的订单信息和收货地址，我们会尽快为你处理退货事宜。"

消费者："好的，我的订单号是××××××，收货地址是××××××。"

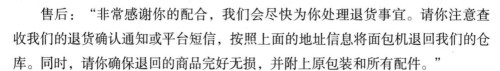
售后："非常感谢你的配合，我们会尽快为你处理退货事宜。请你注意查收我们的退货确认通知或平台短信，按照上面的地址信息将面包机退回我们的仓库。同时，请你确保退回的商品完好无损，并附上原包装和所有配件。"

消费者："好的，我会按照指示退回商品的。另外，退货的运费是由谁承担呢？"

售后："无理由退货需要你承担退货运费，但我们给你提供了退货保险，你支付了退货运费后可以在平台申请保险理赔，运费将退回你的账户。"

消费者："好的，非常感谢你。"

售后："不客气，如果你还有其他问题或需要帮助，请随时联系我们。祝你生活愉快！"

【消费者说产品实物与商品描述不符】

消费者："你好，我最近在你们的网店购买了一件睡衣，但是发现睡衣的颜色和材质与商品详情描述的不一致。我想要退货。"

售后："非常抱歉听到你遇到这样的问题，并对给你带来的不便表示道歉。请问你可以提供一些具体的细节吗？比如睡衣的颜色和材质与描述有何不同？"

消费者："当然，睡衣的商品详情中描述为浅蓝色的棉质睡衣，但我实际收到的睡衣颜色偏向深蓝色，而且手感也不像是纯棉的。"

售后："我们对于描述不准确给你带来的困扰深感抱歉。由于光线和显示器的差异，可能导致产品图片与实物存在一定的色差。关于你提到的材质问题，我们会进一步核实。"

消费者："谢谢你的回复。我之前购买过其他品牌的睡衣，颜色和材质都符合描述，所以我觉得这次的情况有些不同。我希望能够退货并获得全额退款。"

售后："我理解你的需求，我们非常重视客户的购物体验。为了解决这个问题，我会为你处理退货并发起全额退款。请你将睡衣原样包装好，并填写订单号和退货原因，我们会尽快安排退货事宜。"

消费者："好的，我会按照你的要求进行退货。请问退货的邮寄地址是哪里？"

售后："非常感谢你的配合。退货的邮寄地址是××××××××××××。请你在包裹上注明你的订单号，以便我们能够及时处理退款事宜。一旦我们收到退货并确认无误，退款将在3个工作日内返还至你的付款账户。"

消费者："好的，我会尽快办理退货并提供相关信息。谢谢你的帮助。"

售后："不客气，请你放心，我们会尽快处理你的退货请求并确保你的权益得到保障。如果你有任何其他问题或需要进一步帮助，请随时与我们联系。祝你度过愉快的一天！"

7.4.5　情景42：退款问题的处理

📖【退货退款】

消费者："你好，我购买的这款空调效果非常差，一点都不制冷，我想申请退货退款。"

售后："你好，很抱歉听到你遇到的问题。我们需要确认一下你的退货退款是否符合我们的标准。你能提供一下购买时的订单号吗？"

消费者："当然，订单号是××××××。"

售后："好的，我们还需要了解一下具体的情况。你能描述一下空调不制冷的具体表现吗？比如说是完全没有冷气，还是制冷效果不佳？"

消费者："制冷效果非常差，开了一段时间屋里还是很热，跟你们的产品描述完全不符。"

售后："非常抱歉给你带来了不便。根据你的描述，这可能涉及产品质量问题。我们的空调在出厂前都会经过严格的质量检测，如果存在明显的制冷效果问题，我们将会进行维修或者更换。"

消费者："我希望能够直接退货退款，不想再等维修或者更换了。"

售后："好的，我理解你的需求。根据我们的退货退款服务政策，如果产品存在明显的质量问题，你有权申请退货退款。我们会尽快为你处理此事，同时全额退还你的货款。"

消费者："非常感谢,我等待你们的处理。"

售后:"非常感谢你的理解和支持,我们会尽快为你处理此事。如果你还有其他问题或者需要进一步的帮助,请随时联系我们。"

【仅退款】

消费者:"你好,我购买的餐巾纸质量有问题,我想要退款。"

售后:"非常抱歉听到你遇到这样的问题。首先,我想了解一下具体情况。你能告诉我餐巾纸存在哪些质量问题吗?"

消费者:"首先,我发现餐巾纸的纸质很差,一擦就破了。其次,我发现纸巾上有很多小洞,很明显是生产过程中出现了问题。"

售后:"非常感谢你的反馈,我会认真记录你的投诉。首先,对于餐巾纸纸质差的问题,这可能是由于生产过程中的一些不可控因素导致的。我们会加强对生产过程的监控,以确保产品质量。"

售后:"其次,对于餐巾纸上出现小洞的问题,这可能是由于生产设备出现故障或者原材料问题导致的。我们会立即检查生产设备,并对原材料进行质量检查,以确保不会再次出现这样的问题。"

消费者:"我要求仅退款。"

售后:"非常抱歉给你带来了不便。但是,根据我们的售后政策,由于质量问题导致的退货,我们可以为你提供退款或者换货服务。但是,如果你要求退款不退货的话,我们需要进一步了解情况。你能告诉我你为什么只要求退款不要求换货吗?"

消费者:"因为我觉得这个餐巾纸的质量太差了,我不想再使用它了。所以我只要求退款。"

售后:"我理解你的想法。但是,根据我们的售后政策,退款需要将有问题的商品退回给我们,以便我们进行质量检查和退款处理。如果你只要求退款不退货的话,我们无法进行质量检查和退款处理。因此,我建议你先进行退货操作,我们会尽快为你处理退款事宜。"

消费者："好吧，那我先退货。"

📖【部分退款】

消费者："你好，我买的这套睡衣，上衣非常合身，但是裤子有点太大了，能不能帮我处理一下？"

售后："好的，咱们这个是套装是吧，你是想我们给你更换一套尺码合适的睡衣，还是希望办理退款呢？"

消费者："其实我也不太需要再换一套睡衣了，因为上衣我很满意。所以，如果能部分退款的话，我觉得会更好一些。"

售后："明白了，你是说只保留上衣，然后裤子办理退款是吧。因为你这个是套装，我得帮你询问一下是否支持部分退款，你把订单号发给我，稍等一下。"

消费者："好的，我的订单号是××××××。"

售后："感谢你的配合，我刚才去为你申请了部分退款，现在是这样一个情况，我们可以为你办理部分退款，但是完成后这个订单的售后将会关闭，请你再次确认售后需求。"

消费者："我知道了，我只需要裤子退款，上衣我要留着，我很喜欢。"

售后："好，我们会尽快为你处理退款事宜。退款会在3到5个工作日内原路退回到你的支付账户中，请你注意查收。"

消费者："好的，谢谢。"

售后："不客气，如果你还有其他问题或需要帮助，请随时联系我们。祝你有个愉快的购物体验！"

第 8 章

催促下单该怎么说

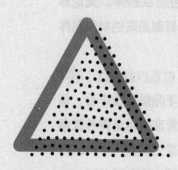

扣、低价高折扣、捆绑销售、分期付款等方式，来增加产品的吸引力和观众的购买力。

2. 提供限时限量的优惠活动。主播在直播中，可以提供一些限时限量的优惠活动，来刺激观众的购买欲望。

比如主播可以设置秒杀、拼团、满减、满赠等活动，给观众一种稀缺感和紧迫感，让他们觉得错过了就没有了，从而促使他们尽快下单。主播要注意活动的时间和数量要合理，不能过多或过少，要让观众感觉到有机会，但又不要让他们觉得太容易。

3. 利用价格锚定效应。价格锚定效应是指人们在判断价格时，会受到第一个看到的价格的影响，从而影响他们对后续价格的评估。主播可以利用这一心理效应，来提高观众对产品的价值感知。

比如主播可以先展示一些高价的产品，然后再展示一些低价的产品，让观众觉得低价的产品更划算。或者主播可以先展示一些市场价或原价，然后再展示一些折扣价或优惠价，让观众觉得自己省了很多钱，更愿意购买。

4. 采用倒计时或倒数的方式。主播在直播中，可以采用倒计时或倒数的方式，来给观众一种时间压力，让他们觉得机会不多，要抓紧时间下单。

比如主播可以说"这个活动只剩下最后10分钟，还有最后5件，快点下单吧"，或者"只有前100名下单的才能享受这个优惠，现在还剩下20个名额，快点抢购吧"，等等。这样可以让观众感受到紧张和紧迫，从而增加他们的购买行为。

5. 适当提高产品的价格敏感度。价格敏感度是指消费者对价格变化的反应程度。一般来说，价格敏感度越高，消费者对价格变化越敏感，越容易受到价格的影响。主播在直播中，可以适当提高产品的价格敏感度，让观众更加关注价格，从而更容易被价格优势吸引。

比如主播可以强调产品的品质、功能、效果等，让观众觉得产品的价值很高，然后再强调产品的价格优势，让观众觉得产品的性价比很高，从而更愿意购买。或者主播可以和竞争对手的产品进行对比，让观众看到产品的差异，然后再突出产品的价格优势，让观众觉得产品更有优势，从而更容易下单。

8.1.2　情景44：针对担心

📖【直播现象描述】

　　某品牌电器直播间正在热卖一些空调产品，主播小晶正在为大家热情的介绍一款近期直播间卖得非常火爆的变频空调。主播还在空调的旁边放置了一个非常醒目的牌子，上面标记着"热销10万+台""好评率高达××%""节能率超过了80%""排名前×名"。她正一一拿起遥控器向观众们介绍，一时间观众也产生了很多担心：有人问数据从哪里来的，有人担心数据造假，有人不相信主播说的这些数据……

📖【直播案例回放】

　　主播："家人们，今天5号链接的空调真的是我们家最近卖到非常火爆的一款电器产品啦，目前已经有了3万+单销量！"

　　观众1："卖这么多了？"

　　主播："这一款的好评率达到了××%，节能率超过了××%，而且在空调这个系列排名已经到了前×名啦，可以说是买到就是赚到，绝不会后悔！"

　　观众2："真的假的？"

　　观众3："你的数据哪里来的？"

　　主播："大家放心，关于咱们这个牌子上的数据，每项都是有凭有据、有数据源头可查的！大家可以点开下方的××号链接查看，销量、评价、节能率数据一清二楚，现在大家到平台首页搜空调，排名前×名的肯定有咱这款产品哟！"

　　观众4："确实有。"

　　主播："我看到×××位家人已经去看过了，真金不怕火炼，咱们所有数据都是一目了然的哟！"

　　观众5："你这该不是造假的数据吧？"

▷▷ 8.2 催单三讲

8.2.1 情景45：讲实惠

📖【直播现象描述】

　　某日用品直播间正在销售几款高品质的干发帽，主播小莉正在戴一款全新的干发帽，打算向直播间的所有观众展示干发帽的吸水效果。正值品牌活动大促，直播间已经有不少观众聚集，公屏上已经有不少人对于干发帽的实惠价格有不少的疑问。有人问干发帽的原价和折扣价分别是多少，有人问干发帽的买一送一活动要怎么参加，有人问红包怎么领……

📖【直播案例回放】

　　主播："×××品牌开门红，热烈欢迎所有来到直播间的宝宝们，有喜欢主播的、喜欢咱们直播间的一定一定记得左上角点关注，右下角帮主播点点小红心。咱们点赞点起来，一会儿有大福利、大优惠给到大家！大家今晚下手一定要快，错过这波优惠真的就没有啦！"

　　观众1："搞快点，搞快点！"

　　观众2："便宜多少？"

　　主播："大家可以看一下下方的商品链接，可以看到咱们家主要是做各大品牌折扣干发帽的。你们平时在商场看到的是不是都卖好几十？今天在咱们家的直播间不要59元，不要39元，全部干发帽都是19元。大家说便不便宜，主播给不给力吧！"

　　主播："今晚来到咱们直播间的宝宝们，福利优惠真的是非常的大，而且这个价格只卖今天一天，只卖今天一天，直播下播就没有了。主播现在马上给各位宝宝一一展示！有等不及的宝宝们可以直接点击下方的购物车浏览链接，看好哪款给主播讲,主播可以给你们优先展示。"

观众3:"怎么参加满减?"

主播:"好,刚给大家介绍的几款干发帽,是不是品质一流?那咱们别的废话也不多说了,已经有很多人在问怎么参加满减,后台运营现在听我口令,给我弹出30张10元的优惠券。"

主播:"所有直播间的宝宝听好了,马上运营弹出来优惠券,要买的直接点领取,立减10元的优惠券领好了,马上去下单就行!"

主播:"商场正品的质量真的不用多说,品质真的是超级好,所有直播间的干发帽白菜价了,今天真的是买到就是赚到,所以说大家待会手速一定要跟上,看上哪款手速一定要快,大家看上千万别犹豫了!这么大的折扣力度犹犹豫豫被别人抢走就不划算了!主播倒数三个数马上上优惠券!3,2,1!"

观众4:"没抢到啊!"

观众5:"优惠券怎么领?"

主播:"这么快30张优惠券就抢完啦?还有宝宝们不知道怎么领优惠券,来,大家仔细看一下主播这个截图,第一步手机这个地方会弹出来一张优惠券,刚刚抢到的宝宝应该看到过,然后点击领取,这个地方会显示领取成功,领好了马上去购物车下单!"

主播:"记住一定要下手快,看上哪款干发帽一定要手速快,把握好优惠的机会!实惠价格不是天天有!你们抢到就是赚到啦!"

…………

📖【催单误区提示】

1. 主播催单时可以采用分批次,每批次发放少量的优惠券进行直播催单,不要一次性给到太多优惠券。

2. 一定要将产品优惠力度控制在合理范围内,太过于夸张的优惠满减金额可能在直播间起到相反的效果,要避免使观众产生不信任感。

3. 主播要注意避免使用绝对化的语言,如最好、最便宜、最划算等,这些词语容易触发平台风险规则,同时可能让观众感觉被忽悠、欺骗,降低购买意愿。

【直播技巧点拨】

1. 利用节日或季节创造实惠氛围。主播可以根据不同的节日或季节，设计一些符合主题的优惠活动，让观众感受到你的直播间有特色和温度。

例如，春节期间，主播可以送出红包或福字，增加观众的喜庆感；情人节期间，主播可以推出双人套餐或情侣礼物，吸引恋人观看；在夏季，主播可以打折或免费送出清凉饮品或风扇，降低观众的炎热感。

2. 利用竞争对手创造实惠对比。主播可以选择市场上其他同类型的直播间，分析对比他们的优惠力度，从而突出你的直播间的实惠和优势，让观众觉得你的直播间是最划算的。

例如，主播可以在直播间显示自己的价格和其他直播间的价格，让观众一目了然；主播可以在直播间展示自己的产品和其他直播间的产品，让观众看到质量和功能的差别。

3. 利用心理学创造实惠感受。主播可以运用一些心理学的原理，来影响观众的购买决策，让他们感受到你的直播间的实惠和价值。

例如，主播可以利用稀缺效应，设置限时或限量的优惠，刺激观众的紧迫感和抢购欲；主播可以利用锚定效应，先给出一个高的参考价，再给出一个低的实际价，让观众觉得很便宜；主播可以利用社会认同，显示自己产品的关注数或销量，让观众觉得产品很受欢迎。

4. 利用社交媒体创造实惠口碑。主播可以利用社交媒体平台展示直播间的实惠和好评，让观众看到其他人的真实反馈，增加信任感和参与感。

例如，主播可以在社交媒体平台中发布自己的直播间的链接，邀请粉丝或好友来观看；主播可以在视频平台上制作自己的直播间的视频，展示自己的产品或服务；主播可以分享自己的直播间的经验，回答观众的问题或疑惑。

5. 结合直播场景搭配。利用观众的情感共鸣，根据直播的时间、地点、主题等因素，设计一些符合直播场景的优惠活动，让观众感受到直播的独特性和互动性。

例如，主播可以在早上或晚上的直播间提供早餐或夜宵的优惠，满足观众的饮食需求；主播可以在家里或外面的直播间展示不同的环境和风景，增加观众的视觉享受；主播可以根据自己的直播内容或风格，选择合适的音乐或服装，营造直播的氛围和个性。

8.2.2 情景46：讲时机

📖【直播现象描述】

某日用品直播间正在推荐几款高质量的垃圾袋。主播小彤正在展示一款全新的垃圾袋，打算向大家介绍垃圾袋的材质、尺寸和颜色。正值品牌活动大促，直播间已经有不少观众聚集，公屏上已经有不少人对于垃圾袋的性能、价格和优惠有不少的疑问……

📖【直播案例回放】

主播："好品质就在××品牌抽绳垃圾袋。大家仔细看这个垃圾袋，真的是超级结实，不漏水不破裂，装满垃圾也不怕掉，方便又卫生。今天在主播直播间只要9块9，在屏幕下方的7号链接，今天限时限量只有500卷，卖光就没了。"

主播："这个真的是今天好不容易向厂家申请的500卷的全部库存了。大家也都知道好的垃圾袋要用好的材料，××品牌的每个垃圾袋都经过严格的质检，整个生产过程都是环保无毒的！所以今天只有500卷，卖完就没有啦！"

观众1："一卷有多少个？"

主播："××宝宝你问一卷有多少个是吧？主播拆开这卷给大家数一下，1，2，3……一共是20个，算下来一个不到五毛钱！宝宝们现在全靠各位的手速啦，赶紧去抢吧！"

主播："今天××品牌抽绳垃圾袋限时特价，我们上架只卖5分钟，真的不夸张，只有5分钟，宝宝们千万千万不要错过啦！我倒数三个数3，2，1！运营给我上链接，500卷库存加满，大家快冲！"

观众2："没抢到，能不能加库存？"

主播："还有没抢到的吗？没抢到的在公屏上说一下，主播看看，真的只卖五分钟，已经拍到的宝宝们一定要抓紧时间付款啊，运营给我看一下后台有多少人还没付款，一分钟没付款的全部清退出库存，把机会让给各位想买的宝宝哟！"

主播："宝宝们买到的就在公屏上打上'买到了'，没买到的宝宝等一分钟，看还有哪些宝宝不想付款的，咱们就把机会让给有需要的宝宝好啦！大家想用的、想买的抓紧时间哟！时间真的不等人！"

观众3："明天直播还有没有优惠？"

主播："好，一分钟到了，我看看，还有八十多个没付款的，麻烦运营小哥帮忙清一下人哟，咱们把机会让给有需要的宝宝哈！我看到有宝宝问明天直播有没有优惠？"

主播："这款明天不一定有，因为这个确实是今天好不容易找厂家拿的500卷的现货，500卷现货抽绳垃圾袋秒拍秒发货的，明天真不一定有，今天拍了还能早点发货呢，抓紧时间买哟！"

观众4："买了赶紧发货！"

主播："直播福利不是天天有，买货卖货时机都很重要哟，想要的抓紧，今天早买早享受啦！"

…………

📖【催单误区提示】

1. 主播一定要反复强调下单时机的重要性，不断营造产品库存紧俏、抓紧抢购的气氛，加快直播节奏，不要给观众们留下太多犹豫、反应的时间。

2. 主播要不断强化截止时间的概念，传达出"错过了就没有了"的规则。对于一些没抢到的观众，主播也要及时安抚他们的情绪，不要忽略观众的感受。

3. 通过强化垃圾袋产品的均价低从而加强观众的认知，要在对比和具象化的描述中催促观众下单。

【直播技巧点拨】

1. 利用时间稀缺感刺激观众的购买欲。直播销售的特点之一是时间有限，一般只持续几个小时。这就给观众带来了一种时间紧迫感，让他们觉得如果不及时下单，就会错过好的机会。

主播可以在直播中设置倒计时、限量抢购、秒杀等活动，来增加时间稀缺感，促使观众抓紧购买。

2. 抓住观众的注意力高峰期。直播销售的另一个特点是观众的注意力是波动的，不可能一直保持高度集中。

主播需要根据观众的反馈和数据，判断出观众的注意力高峰期，然后在这个时段推出最具吸引力的产品或优惠，来提高转化率。

3. 结合产品特性和场景需求。直播销售的核心是展示产品的价值和功能，让观众看到产品能够解决他们的问题或满足他们的需求。

主播需要根据产品的特性，选择合适的展示方式，比如实物展示、视频播放等，来增加产品的信息诊断性。同时，主播也需要根据场景的需求，选择合适的讲解方式，比如故事讲述、案例分析、数据证明等，来增加产品的情感共鸣性。

4. 利用社会认同和从众心理。主播可以通过展示自己的人气、专业度、信誉等，来增加观众对自己的认同感和信任感。主播也可以通过展示产品的销量、评价、排名等，来增加观众对产品的认同感和信赖感。

此外，主播还可以通过邀请明星、网红、专家等，或者引导观众互动、分享、转发等，来增加观众的从众感和参与感。

5. 合理安排直播的节奏和内容。主播要合理安排直播的节奏和内容，避免出现冗长、枯燥、重复的情况，影响观众的兴趣和耐心。

主播需要根据直播的目的和主题，制定出清晰的直播流程和内容安排，保证直播的逻辑性和连贯性。主播也需要根据直播的实际情况，灵活调整直播的速度和重点，保证直播的生动性和针对性。

8.2.3 情景47：讲服务

【直播现象描述】

某家居纺织品直播间正在热卖几款浴巾，主播小凤正在展示一款某品牌的浴巾，准备向大家讲解品牌浴巾的产品细节。浴巾作为日常的洗浴用品，直播间一时间进入不少观众观看，不少人关注正品服务相关的问题……

【直播案例回放】

主播："家人们，今天我给大家带来一款××品牌全新升级的浴巾。首先呢，这个浴巾的面料是纯棉的，柔软舒适，不掉毛、不起球。而且这一次咱们的每条浴巾都做了更厚更大的升级，70厘米×140厘米加厚加大，600克/平方米的超高克重，吸水性强，擦干身体不费力。每个细节的升级都只为了更好的保障咱们的使用体验哟！"

观众1："××牌子的浴巾确实还不错！"

观众2："是不是××家正品的？"

主播："大家都是知道的，××品牌可是国内外都很有名气的老品牌了，全国超××%的顾客都是买他家的，要是产品和服务不好，怎么会有这么多人买了又买呢？"

主播："咱们就是××品牌的合作伙伴，咱们的浴巾都是在××的工厂生产的，质量和服务都有保证，而且没有中间商赚差价，所以咱们这个品牌才可以维持这么多年的物美价廉，低价让利给大家发福利哟！"

观众3："是正品吗？"

主播："××宝宝，不用怀疑啦，真的是正品，你可以去看一下咱们平台主页的小店信息，这是我们十年如一日不断坚持用好的产品和优质的服务换来的。宝宝们放心，我们不会因为一时的短视砸了自己长年累月积累的招牌的。今天直播间下单包邮，还送7天无理由退货服务。现在下单的前××名观众我们还送运费险！包邮、无理由退货啊家人们！"

观众4："颜色会不会褪色啊？"

主播："这款浴巾采用活性印染工艺，着色力强，不褪色不变形。你点进去链接，咱们这款浴巾有××%的好评率，宝宝们放心购买，经常买的老粉都知道，我们卖东西一定是讲诚信讲保障的。"

观众5："快上券！"

主播："好，不少宝宝已经在催啦，咱们这款升级浴巾，现在买与双十一同价，保价保质保服务，童叟无欺哟。今天直播间仅××元就可到手一条浴巾，现在运营已经把优惠券上好了，大家直接点进链接，链接详情页中有10元无门槛优惠券，大家直接领取下单就可以啦。××元的浴巾真的买不了吃亏买不了上当哟！赶紧去下单吧！"

…………

📖【催单误区提示】

1. 主播可以在直播背景上粘贴出示产品服务的可信证明，证明服务品质靠谱，但注意不要伪造这些证明。

2. 主播不要轻易许诺，不要夸大服务保障时效，要合法、合理、合情。

3. 无论直播间热度如何，主播都不要被影响心态，要坚持以热情、礼貌、专业的姿态完成直播，一定要让观众们感受到被服务的热情。

📖【直播技巧点拨】

1. 提供优质的售后服务。直播销售的一个重要环节是售后服务，它可以影响观众的满意度和忠诚度。主播需要在直播中告知观众如何联系售后团队，以及提供哪些售后保障，比如退换货、维修、保修等。

主播也需要在直播结束后，及时跟进观众的反馈和问题，解决他们的疑虑和不满，提升观众的信任和好感。

2. 提供个性化的服务推荐。直播销售的另一个重要环节是服务推荐，它可以影响观众的购买意愿和转化率。主播需要根据观众的需求、喜好、场景等，提供

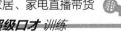

individualized服务推荐，比如搭配、组合、优惠等。

主播也需要根据观众的反馈和数据，调整服务推荐的策略和内容，提高服务推荐的效果和质量。

3. 提供有价值的服务信息。直播销售的第三个重要环节是服务信息，它可以影响观众的认知和评价。

主播需要在直播中提供有价值的服务信息，比如服务的特点、优势、功能、效果等。主播也需要在直播中提供有价值的服务证明，比如观众的评价、案例、数据等。

4. 提供互动性的服务体验。直播销售的第四个重要环节是服务体验，它可以影响观众的参与感和情感。

主播需要在直播中提供互动性的服务体验，比如邀请观众试用、体验、评价服务，或者让观众参与问答、游戏、抽奖等。主播也需要在直播中提供互动性的服务奖励，比如给予观众积分、优惠券、礼品等。

5. 提供专业性的服务态度。直播销售的最后一个重要环节是服务态度，它可以影响观众的尊重感和信赖感。主播需要在直播中提供专业性的服务态度，比如对观众的问题和意见进行认真的回应和解释，不要忽视或冷漠应对。

主播也需要在直播中提供专业性的服务礼仪，比如对观众的称呼和用语进行恰当的选择，不要过于随意或粗鲁。

▷▷ 8.3　下单催单

8.3.1　如何下单要讲解

让观众下单是直播销售中非常重要的一个环节。它是指引导观众在直播过程中完成购买操作，从而实现直播的转化和收益。它让观众能够快速、方便、安全地购买到自己喜欢的产品，增加观众的满意度和忠诚度。

让观众下单的方式有很多种，但不同的方式适用于不同的平台和产品，因此需要根据实际情况选择和使用。下面我们介绍五种常用的下单方式，并给出一些与日用品、家居、家电相关的举例说明。

方式一：限时抢购

这种方式是通过设置一个时间限制，来刺激观众的紧迫感和危机感，让他们觉得如果不立即下单，就会错过一个好的机会。这种方式适用于那些有一定的稀缺性和热度的产品。

例如，主播可以说："亲们，这款洗衣液是我们的特价产品，非常温和、有效，可以洗去衣服上的污渍和细菌。这款洗衣液现在开始限时抢购，只进行×分钟，先到先得，错过就没有了，快快下单吧！每瓶只要××元，比超市便宜一半，而且包邮，这是一个非常划算的价格，你们还等什么？赶紧抢购吧。"

主播："下单的方式非常简单，只要你点击直播间下方的××号链接，就可以跳转到商品详情页，然后选择你要的数量，点击立即购买，就可以完成下单了，非常方便，快来试试吧！"

方式二：满减优惠

这种方式是通过设置一个满足一定金额或数量的条件，来给予观众一定的优惠，让他们觉得买得越多越划算，从而增加他们的购买力和购买量。这种方式适用于那些有一定的利润空间和库存的产品。

例如，主播可以说："亲们，这款毛巾是我们的优质产品，非常柔软，吸水性能好，而且价格很实惠。现在有一个超级优惠活动，只要你买满××元，就可以立减××元；买满××元，就可以立减××元。"

主播："这样算下来，每条毛巾只要不到××元，比市场价便宜一半，这是一个难得的机会，赶紧下单吧！而且我们还有其他的日用品，比如牙刷、牙膏、洗发水等，你们可以搭配购买，享受更多的优惠，快来下单吧！"

方式三：赠品赠送

这种方式是通过赠送一些额外的产品或服务，来增加观众的收获感和忠诚度，让他们觉得得到了更多的价值，从而提高他们的满意度和复购率。这种方式适用于那些有一定的品牌影响力和观众黏性的产品。

例如，主播可以说："亲们，这款电热毯是我们的特色产品，非常舒适和安全，可以让你在冬天睡得暖和，而且现在有一个特别的福利，只要你买一条电热毯，我们就免费赠送一条毛毯。这条毛毯也是非常好用的，可以作为床单或者被罩，这是一个非常划算的组合，快来下单吧！"

主播："而且我们还有其他的家居产品，比如枕头、被子、床单等，你们可以根据自己的需要选择，我们会给你们提供优质的服务，组合购买，赠品翻倍哟。买赠活动只有今天直播有哦，家人们抓紧主播下播前的最后××分钟！"

方式四：互动游戏

这种方式是通过设计一些有趣的游戏，来吸引观众的注意力和参与度，让他们觉得直播不仅是购物，还是娱乐，从而增加他们的好感和信任。这种方式适用于那些有一定的趣味性和互动性的产品。

例如，主播可以说："亲们，这款吹风机是我们的新品，非常智能和高效，可以快速干燥头发，而且有护发功能，让你的头发更柔顺。现在有一个小游戏，只要你在评论区里猜出这个吹风机的功率，你们在下单的时候就能获得我们的神秘礼物。这个礼物的价值超过××元，非常惊喜，赶快下单来参与互动游戏吧！"

方式五：社交分享

这种方式是通过鼓励观众将直播或产品分享到自己的社交平台，来扩大直播间的影响力和覆盖面，让更多的人知道和参与，从而增加直播间的人气和销量。

这种方式适用于那些有一定的社交价值和口碑效应的产品。

例如，主播可以说："亲们，这款香薰摆件是我们的招牌产品，非常香甜和持久。现在有一个特别的活动，只要你将我们的直播间或产品分享到你的社交平台，就可以获得我们的优惠券。每张优惠券在下单的时候可以抵扣××元，而且你分享得越多，获得的优惠券数量就越多。这是一个非常好的机会，快来分享，享受优惠下单吧！"

8.3.2 付款要及时催促

付款是直播销售的最终目的，它是指让观众在下单后尽快完成支付，以确保订单的有效性和安全性。付款的及时性是影响直播收益和观众满意度的重要因素，因此主播需要通过一些技巧和方法，来提醒和促进观众的付款行为。

付款的催促有很多种方式，但不同的方式适用于不同的场景和产品，因此需要根据实际情况灵活选择和运用。下面我们介绍五种常用的付款催促方式，并给出一些与日用品、家居、家电相关的举例说明。

方式一：温馨式提示付款

这种方式是在直播间的屏幕上，不断地提示观众如何付款，以及付款的好处和必要性，来引导观众的付款操作，让他们觉得付款是一件简单和有利的事情。

例如，主播可以说："亲们，这款牙刷是我们的爆款产品，非常柔软和舒适，而且现在有一个超级优惠，只要你在直播间下单，就可以享受××折的折扣，这是一个非常划算的价格。你们还等什么，快快下单吧！下单的方法很简单，只要你点击屏幕右下角的购物车图标，就可以直接购买商品，然后点击确认订单，就可以进入付款页面。"

主播："付款的方式有很多种，比如微信、支付宝、银行卡等，你可以根据自己的喜好选择，付款的过程非常快速和安全，只要你付款成功，我们就会尽快为你发货，快来付款吧！"

方式二：倒计时提示付款

这种方式是通过设置一个时间限制，来刺激观众的紧迫感和危机感，让他们觉得如果不及时付款，就会失去一个好机会。

例如，主播可以说："亲们，这款电饭煲是我们的限量产品，非常智能和方便。现在有一个特别的活动，只要你在直播间下单，就可以获得我们的赠品。这个赠品是一个非常实用的厨房工具，价值××元，非常惊喜，你们还等什么，快快下单吧！"

主播："但是你们要注意，这个活动限时××分钟，而且只有前××名付款成功的观众才能获得赠品，所以你们要抓紧时间，不要犹豫，快来付款吧！你们可以看到屏幕上的倒计时，还有××分钟，还有××个名额，赠品就要送完了，你们赶紧付款吧！"

方式三：奖励式提示付款

这种方式是通过给予付款成功的观众一些额外的产品或服务，来增加观众的收获感和忠诚度，让他们觉得付款是一件值得的事情，从而提高他们的满意度和复购率。

例如，主播可以说："亲们，这款洗发水是我们的特色产品，非常温和和滋润。而且现在有一个特别的福利，只要你在直播间下单并付款成功，就可以免费加入我们的会员俱乐部，加入之后，你可以享受我们的专属服务。"

主播："比如定期的护发课程、专业的护发顾问、优惠的护发产品等，这是一个非常好的机会，快来付款吧！而且我们还有其他的护发产品，比如护发素、护发油、护发膜等，你们可以根据自己的需要选择，我们会给你们提供最适合你们的产品，快来付款吧！"

方式四：互动式提示付款

这种方式是通过设计一些有趣的互动，来吸引观众的注意力和参与度，让他们觉得付款不仅是购买，还是娱乐，从而增加他们的好感和信任。

例如，主播可以说："亲们，这款毛巾是我们的新品，非常柔软。而且现在有一个小活动，只要你在直播间下单并付款成功，就可以参与我们的抽奖活动。这个抽奖活动的奖品非常丰富，有我们的其他产品，也有现金红包，最高可以达到××元，你们还等什么，快来付款吧！"

主播："而且我们还有其他的日用品，比如浴巾、拖鞋、牙刷等，你们可以任意选择，我们会给你们提供非常舒适的产品，快来付款吧！"

方式五：分享式提示付款

这种方式是通过鼓励观众将自己的付款成功的截图或者视频分享到自己的社交平台，来扩大直播的影响力和覆盖面，让更多的人知道和参与，从而增加直播间的人气和销量。

例如，主播可以说："亲们，这款台灯是我们的热销产品，灯光柔和并且节能，而且现在有一个特别的活动，只要你在直播间下单并付款成功，就可以获得我们的优惠券，每张优惠券可以抵扣××元，而且你分享得越多。优惠券的数量就越多。这是一个非常好的机会，快来拼手速！别犹豫，赶快下单吧！"

▷▷ 8.4 催单下单经典语句与句式

8.4.1 催单下单经典语句

📖【经典语句1】

要买要带，赶紧赶快！机会不是天天有，福利等不了太久，该出手时就出手，主播下播就没有！

📖【经典语句2】

我说好不算好，亲身体验才算好！挑一挑，试一试，一试就包你满意！放心买，大胆用，咱家质量有保证！

📖【经典语句3】

××块钱你买回家，老的喜，少的夸，都来夸你会当家。老不欺少不瞒，全靠质量做宣传！

8.4.2 催单下单句式

1. 现在还剩下最后的_____个（具体数量）名额，大家赶快抓紧，马上就要没有了，如果没有了，今天直播间是不能追加的哟。_____（产品简称）名额有限，先到先得，看中的要及时下单哟，机会难得。_____号（购物车链接编号）链接即将售罄啦，且买且珍惜哟！

2. 宝宝们，我们这次_____（品牌简称）活动的优惠力度是今年最大的了，现在拍能省_____元（具体数额）呢，而且主播今天还给大家再额外赠送一个价值_____元（具体数额）的赠品，_____（赠品简称）也非常好看。喜欢的宝宝赶紧拍！

3. 真的是最后的_____分钟（具体时间）啦，_____（产品简称）也只剩下最后的_____件（具体数量）了。想尝试的宝宝抓紧拍，因为这个系列咱们仓库暂时没办法能补上库存了，只要喜欢，只要心动，_____号（购物车链接编号）链接闭眼入就完了。秒拍秒付，还在纠结犹豫的，先把名额占下来，错过就没有啦！

第 9 章

直播结尾该怎么结

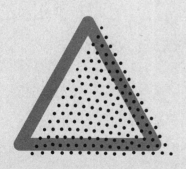

▶▷ 9.1 感谢、感恩式结尾

9.1.1 日用品直播感谢、感恩式结尾

在日用品直播带货中，感谢、感恩式结尾是一种极为关键且情感丰富的收尾策略，它旨在通过主播真挚的感激表达和观众互动，强化用户对品牌的认同感与信任度，同时提升用户黏性和复购意愿。这种结尾方式不仅强调了对观众支持与购买行为的尊重与珍视，还能够营造一种温馨而持久的氛围，进一步巩固直播间的人气基础。

【实例列举】

例一：

主播：亲爱的家人们，今晚我们的直播即将结束，在这短短几个小时里，你们的热情让我深受感动！我们共收到了超过××××次的点赞和××××多份订单，每份订单都代表着你们对直播间日用品的信任与厚爱。真心感谢每位点亮星光、下单支持的朋友，是你们让我们有信心继续为大家带来更多实用又实惠的生活好物。

主播：感谢阳光给我们带来了温暖，感谢大地滋润了万物，感谢大家的支持和陪伴，祝愿大家生活愉快，事事顺心！下次直播时间是明天晚上7点，我们明晚再见！

例二：

主播：非常感恩今晚有这么多新老朋友陪伴度过，看着屏幕上滚动的下单记录和留言，我想说每个牙膏、每包洗衣液背后都是你们对品质生活的追求。正因为有了你们的支持，我们才能不断进步，提供更高品质的日用品。今天新增的关注人数破纪录啦，这是对我们最大的鼓励。为了回报大家，接下来我们将推出一系列专享福利活动，请大家务必锁定直播间，下一次见面，我们会准备更多的惊喜给你们哦！再次感谢大家，晚安，明天见！

通过以上感谢、感恩式的结尾，主播成功地将单场直播的商业活动转化为一场充满温情和互动的社区庆典，为长期稳定的直播业务发展打下了坚实的基础。

9.1.2　家居直播感谢、感恩式结尾

在家居直播带货场景中，感谢、感恩式结尾是一种深度互动且富有情感温度的收尾策略，它旨在通过主播对观众支持与购买行为的真挚感激，强化直播间与用户之间的情感纽带，提升观众的品牌认同感和忠诚度。这种结尾方式强调的是共同营造美好居家生活空间的过程中，对每位观众积极参与和支持的尊重与珍视。

📖【实例列举】

例一：

主播：亲爱的朋友们，今晚我们在这个温暖的直播间一起挑选了那么多温馨舒适的家居好物，你们的信任与热爱让我倍感荣幸。看到那一张张订单背后大家对家的热爱和对美好生活的追求，我真心感谢每个选择我们的朋友！今天，我们共同创造了新的销售纪录，这都是大家共同努力的结果。为了回馈大家的热情，我们将继续努力搜罗更多高品质的家居产品，并在下一次直播中带来前所未有的优惠活动。让我们携手共建理想家园，明晚同一时间，不见不散！

例二：

主播：在这场关于家的盛宴即将结束之际，我要深深地向每位选购了我们家居用品的朋友说一声谢谢！你们的选择让每个平凡的角落都充满了爱与温度。今天的直播，因为你们的支持，每件家居小物都找到了属于它的故事和价值。接下来的日子里，我们会带来更多新颖独特的家居搭配建议和优质实惠的产

品。请记住，无论何时何地，我们都在这里，用心为你打造理想的家。再次感谢大家今晚的陪伴，期待我们在明天的直播中再次相聚，一起创造更多的惊喜与感动！

通过以上感谢、感恩式的结尾方式，直播不仅完成了商品销售，更升华成了一种情感交流与共享的平台，有效助力了直播间的长远发展和良好口碑的建立。

9.1.3　家电直播感谢、感恩式结尾

在家电直播带货环节，感谢、感恩式结尾作为一种有力的情感纽带构建策略，更侧重于强调用户通过购买高品质家电产品，对家庭生活质量提升的显著贡献，以及主播对观众信任与支持的深深感激。这种结尾方式尤其关注家电产品的功能优势和实际效果，强化品牌与消费者之间关于科技改变生活的共享价值观。

📖【实例列举】

例一：

主播：亲爱的朋友们，今晚我们一同见证了科技力量如何为家赋能，你们的选择让每款家电都成了家庭幸福的守护者。在此，我要衷心感谢每位购买了我们产品的家人，你们的信任让我们得以不断进步，提供更高性能、更节能环保的产品。今晚我们的智能冰箱和洗烘一体机创造了新的销售纪录，这都是大家智慧之选的结果。为了回馈大家，我们将引进更多国际领先的家电新品，并升级我们的售后服务体系。明晚同一时间，我们继续探索科技带给生活的无限可能，不见不散！

例二：

主播：随着这场家电盛宴步入尾声，我想对每位选择用科技改变生活的朋友表示最深的敬意和感谢。正是你们的信任，使得这些集便捷、智能于一体的家电产品找到了属于它们的家庭。今天，我们一起创造了许多销售佳绩，这是大家

共同努力的结果！明天，我们还会带来更具颠覆性的黑科技家电，并且以后会带来更加完善的售前咨询和售后服务。希望在未来的日子里，我们能一起携手迈进智能家居的新时代。再次感谢大家今晚的陪伴，期待我们在下一次直播中再度相聚，共筑美好未来！

通过上述感谢、感恩式的直播结尾方式，主播不仅完成了商品销售任务，还成功地传递出品牌的人文关怀和技术引领力，有效促进了观众的忠诚度建设，以及品牌知名度和美誉度的提升。

▷▷ 9.2 常用直播结尾选用

9.2.1 用三种数据结尾

数据式的结尾是指主播在结尾时，用一个具体而有力的数据来展示直播间的成绩，同时也能够激发观众的购买欲和参与感，让观众感受到直播间的热度和影响力。数据的内容可以是直播间的销量、观看人数、点赞数、转发数、评论数等，只要能够体现出主播的努力和成果就可以。

使用数据式的结尾时，要选择合适的数据和表达方式，要注意控制好数据的真实性和合理性，不能夸大或虚假，可以适当地加入一些感叹或鼓励，不能只是简单地说数字。

结尾一：

今天的直播非常成功，大家的热情给了我很大的鼓励！我马上就要下播了，现在给大家汇报一下咱们今天的成绩！

直播间今天一个晚上就卖出了5000单×××！5000单，这是一个很棒的成绩，这是属于大家的成绩！

结尾二：

家人们，我想告诉大家一个好消息，我忍不住了！截止到刚刚，咱们直播间达成了一个历史性的数据，大家猜一下，这个数据是什么？没错，就是500万！我和家人们一起，刚刚达成了500万的直播间业绩！主播马上要下播了，但是心情很激动，真不想跟家人们说再见啊！

结尾三：

我们家×××的累计销量已经超过了19万单，马上就要到达20万！可以说是销量和口碑齐飞！主播马上就要下播了，在下播之前，让我们一起完成这个里程碑式的数字好嘛，家人们，大家齐心协力，向20万迈进！

9.2.2　用三个感谢结尾

感谢式的结尾是指主播在结尾时，用一个正式而诚恳的致谢语来表达感谢的心情，同时也能够展现主播的专业和礼貌，增加观众的信任感，让观众感受到尊重。感谢的对象可以是观众，也可以是合作的品牌、团队或个人，或者是与本次直播有关的其他方面，只要能够体现出主播的感激和敬意就可以。

使用感谢式的结尾时，要选择合适的致谢对象和致谢语，要注意控制好致谢的次数和频率，不能过于频繁或重复，可以适当地加入一些总结或预告，不能只是单纯地说谢谢。

结尾一：

感谢今天直播间里所有家人们的真诚陪伴，主播在这里很感谢所有进入过直播间的家人们，非常感谢各位的支持，感谢大家的关注、点赞和下单！

我知道有很多家人从主播一开播就一直陪伴我到现在，大家也都非常的辛苦，再次感谢大家，爱你们呦，比心！

结尾二：

宝宝们，咱们今天的直播马上就要结束啦！非常感谢家人们在咱们直播间选购下单！希望大家在咱们直播间买得开心，买得放心！没有你们就没有我们，你们的满意就是我们最大的心愿！

结尾三：

家人们，主播在这里十分感谢大家的陪伴和支持！祝直播间的家人们，坐东楼看西楼，吃喝啥也不用愁！主播要下播了，咱们明天晚上还是七点，不见不散啦！

9.2.3　用三类促销结尾

促销式的结尾是指主播在结尾时，用一个强烈而紧迫的促销语来刺激观众的购买欲，同时也能够提高直播间的转化率，让观众切实感受到直播间的优惠和实惠。促销的方式可以是限时、限量、限价、赠品、抽奖等，只要能够体现出主播的诚意和下单吸引力就可以。

使用促销式的结尾时，要选择合适的促销方式和促销语，要注意控制好促销活动的真实性和合理性，不能过度夸张或虚假宣传，可以适当地进行提示和催促，但不能没完没了地催促。

结尾一：

非常非常感谢下单支持主播的宝宝哟！咱们还有三分钟就要下播啦，还在犹豫纠结的家人们赶紧去链接里看看，抓紧时间下单哟！主播在这里祝大家工作、生活开开心心，顺顺利利！最后祝大家购物愉快！

结尾二：

主播马上就要下播了，×××在13号链接，真的是最后几单了，库存卖完就没有啦！

今天给到的库存确实有限，最后一单抢到确实就是最划算的，速战速决啊！赶紧去抢，宝子们，错过今天，下一波确实不知道是什么时候啦！

结尾三：

×××拍单倒计时啦！还没上车的赶紧上车啊！今天的×××优惠数量有限，主播只能再给大家争取最后的五分钟，抓紧时间抢，最后五分钟啊！

主播马上就要下播了，给你们争取的是最高优惠了，错过就等不到了哦！大家还没上车的赶紧上车啊！

9.2.4 用三个福利结尾

福利式的结尾是指主播在结尾时，通过提供一些福利或优惠来吸引观众，提高观众的购买意愿和忠诚度。福利可以是优惠券、折扣、赠品等，也可以是与品牌或产品相关的其他福利。

使用福利式的结尾时，要注意福利的针对性和吸引力，要与观众的需求和品牌的特点相符合，同时也要注意福利的可行性和可持续性，不能给品牌或产品带来负面影响。

结尾一：

没有大家的支持，就没有直播间今天的成绩。今天我们特别设置了"×××奖"，给大家送福利！

抽完奖主播就要下播了，大家把握时间哦！好了，现在，大家一起把"×××"抽奖口令发在公屏上吧！我们马上开始抽奖！

结尾二：

再过20分钟主播就要下播了，为了感谢家人们对我的支持和厚爱，我特意准备了100份×××作为礼物送给今天在直播间里购物的家人们！

所有在直播间内购物金额超过×××元的家人们都可以参加，大家把"我要中奖"打在公屏上。

结尾三：

又到了和家人们说再见的时候了，话不多说，我们还是老规矩，送福利！今天要给大家送出的东西是×××，是销量榜上的常客。

所有直播间的家人们都可以参加抽奖，大家积极发言啊！我们的奖品已经准备好了，现在让我们找出这些幸运儿！

9.2.5　用三个预告结尾

预告式的结尾是指主播在结尾时，预告下一次直播的时间、内容或者活动，吸引观众的注意力，激发他们的期待感，从而提高他们下次参与的意愿。预告的内容可以是下一次直播的主题、产品、福利活动等，重点选择一些能够吸引观众注意力的内容。

使用预告式的结尾时，要注意预告的内容要具体、明确，时间安排要合理，同时也要注意控制好预告的长度和节奏，不要影响整个直播的连贯性和完整性。

结尾一：

陪伴是最长情的告白，大家的支持与爱意主播我都接收到啦！明天咱们还是同一时间，下午一点到四点，晚上七点到十一点，不见不散喔！

明天也是福利多多，优惠多多！感恩生活，感恩有你们的一路相随！主播下班啦！咱们明天见！

结尾二：

不知不觉，咱们今天的直播也快接近尾声了，有需要但是还在纠结的家人们，抓紧时间下单哟。明天咱们直播的宝贝也是非常的丰富，有×××，大家都知道的，×××卖得很火爆，还有大家期待很久的×××，我也给大家搞到了一些库存！咱们明天晚上六点半，不见不散啦！

结尾三：

家人们，今天的直播就要结束啦，非常感谢你们的陪伴和支持！今天我们给大家推荐了很多优质的商品，希望你们都能买到心仪的东西！

如果你们有什么问题或者想要什么东西，欢迎在评论区留言，我们看到之后会马上回复你们。

大家一定要关注我们的直播间，关注动态预告，我们会每天不定时发布惊喜福利，是大家意想不到的好货呦！最后，祝大家购物愉快，生活美满！再见啦！

▷▷ 9.3 直播结尾经典语句与句式

9.3.1 日用品直播结尾经典语句与句式

【经典语句1】

亲爱的家人们！今天的直播就要结束了，感谢你们的观看、点赞、分享、下单，你们是我前进的最大动力！每天的产品都物美、价廉、优质、实惠，希望你们能够满意！如果你们有任何疑问、建议，请随时与我联系！我们下次直播再见啦，祝你们快乐每一天！

【经典语句2】

春风拂面感恩浓，各位关注情意融。千言万语难道谢，但盼明日再相逢！

【经典语句3】

感谢支持与陪伴，关掉直播情难断。春风又绿江南岸，明日与君再言欢！

【句式1】

直播马上就要结束了，千山万水寄真情，感谢家人们一路同行！按照惯例，送给大家一首歌。今天_____（主播昵称）给大家带来的是_____（歌曲名），希望大家喜欢！

【句式2】

感谢大家对_____（主播昵称）的喜爱，与你们同乐何等精彩，明日再度共享欢笑，期待直播时光！宝子们！明天_____晚上点（开播时间）见！

📖【句式3】

家人们，感谢你们的关注、点赞、陪伴，让_____（直播间名）充满了欢乐、温暖、感动；感谢你们的参与、互动、支持，让_____（主播昵称）感受到了无限的鼓舞、动感、激情。最后，谢谢你们的耐心、理解、包容，让_____（主播昵称）和_____（直播间名）不断成长、发展、强大！

9.3.2　家居直播结尾经典语句与句式

📖【经典语句1】

一生朋友一生情，一生有你才会赢，感谢今晚有你，期待明晚有你，咱们不见不散！

📖【经典语句2】

不上电视不上报，宣传产品全靠自己做介绍。明晚八点准时见，你不来我不来，主播宣传算白来！

📖【经典语句3】

赶上直播的末班车，抢到生活的大惊喜！不怕优惠拿得晚，就怕福利没收满！

📖【句式1】

家人们，_____（主播昵称）要下播了，给大家放一首_____（歌曲名字）。在歌曲播放期间，家人们在直播间下单的产品，全都打_____折（折扣力度）！家人们，听完歌就下播了，大家抓紧！同时呢，_____（主播昵称）提前祝大家睡个好觉、做个好梦！希望大家明天好好工作，好好生活。咱们明晚_____点（开播时间）再聚！

【句式2】

刚才看了下，今天一共卖出了_____单（数量），这都是直播间各位兄弟姐妹的功劳，真的非常感谢大家！目前还差_____单（数量）就可以凑个整数了，我还有_____分钟（时间）下播，大家再冲一次好不好？给主播凑个整，讨个吉利！谢谢大家！

【句式3】

家人们，_____（主播昵称）马上就要下播了，时间过得真快呀！大家很给力，_____（主播昵称）非常感谢大家。这样，最后这几分钟，_____（主播昵称）给大家送点福利好不好？大家只要在最后的时间内下单咱们的_____（推荐的产品的名称），就送一个_____（赠品名称），这种福利是纯随机的哦！今天有，明天不一定会有，喜欢的_____（对观众的爱称）们赶紧去下单吧！

9.3.3　家电直播结尾经典语句与句式

【经典语句1】

轻轻地我走了，正如我轻轻地来，感谢各位的厚爱！其实很不想跟大家说再见，不过因为时间的关系，今天的直播马上要结束了。

最后我们合唱一首经典老歌送给直播间的家人们，让我们结束今天的直播。别忘了，每天晚上7点，主播在这里恭候着你们呦，我们明天见！

【经典语句2】

宝宝们，家人们，今天我们的直播到这里就要结束啦，非常感谢大家一如既往的支持！我一定会再接再厉！希望大家今天都能够做个好梦呦，拜拜，爱你们！

📖【经典语句3】

主播马上就要下播了喔，今天和大家聊得非常非常开心，明天下午6点我还在这儿等着你们，你们一定要来赴约哦！么么哒！

📖【句式1】

我知道，有很多家人从主播一开播就来了，一直陪着我，直到下播，比如_____（观众昵称）、_____（观众昵称），还有_____（观众昵称），真的非常谢谢你们。当然了，其他所有来过直播间的朋友，我也对你们表示感谢！因为有你们的支持和鼓励，我才能更加自信地站在这里，为大家带来更好的直播内容，希望我们能够一直这样，共同成长和进步下去。谢谢大家！

📖【句式2】

感谢各位_____（对观众爱称）的支持！今天_____（直播间简称）直播间一共收获_____个点赞，新增粉丝团成员_____个（粉丝数量），直播间一共卖出了_____单（数量），超额完成了任务！我知道这都是大家的功劳，明天_____点（开播时间）继续开播，我给大家送福利！

📖【句式3】

今天的直播马上就要结束了，还有_____分钟（时间），主播很舍不得_____（观众称呼），非常感谢_____（观众称呼），今晚和大家_____（事件说明），更是非常_____（感情表达）。因为有你们，主播才不会_____（感情表达）！